한국은 어떻게 선진국이 되었나?

새마을운동과 지역주의

저자소개 | 권기돈

학력 및 주요 경력

서울대학교 동양사학과를 졸업하고 University of Wisconsin-Madison 사회학 박사학위를 받았다. 현재 여의도연구원 연구위원으로 재직하고 있다. 학술논문으로는 “Regionalism in South Korea: Its Origins and Role in Her Democratization”, “Economic Development in East Asia and a Critique of the Post-Confucian Thesis”, “Weber's View of Confucianism Revisited”, “기업의 규모와 산업이 장애인 고용률에 미치는 영향: 장애인 1인 이상 의무고용기업체를 중심으로” 등이 있다. 또한 「군주론」, 「자유론」, 「리얼 유토피아」 등 다수의 저작을 번역했다.

한국은 어떻게 선진국이 되었나?
새마을운동과 지역주의

초판 1쇄 2016년 8월 30일

지은이 권기돈
펴낸이 노석균
펴낸곳 영남대학교출판부

출판등록 1975년 9월 5일 경산 제16-1호
주소 경북 경산시 대학로 280
전화 053) 810-1801~3
FAX 053) 810-4722
홈페이지 book.yu.ac.kr

ISBN 978-89-7581-527-0 93300

한국은 어떻게 선진국이 되었나?

새마을운동과 지역주의

권기돈 지음

영남대학교출판부

서문

필자는 1998년에 위스콘신-매디슨 대학 박사과정에 들어갔다. 당시 30대 중반이었던 필자는 우리나라에 대해 아직도 가난과 독재의 흔적을 많이 가진 나라라는 인식을 가지고 있었고, 경제발전과 민주화는 자연스럽게 필자의 핵심적인 관심사가 되었다. 완전히 새로운 분야를 공부하고 싶은 마음도 있었지만, 청춘기를 지배했던 핵심 의제의 구심력에서 끝내 벗어날 수 없었던 것 같다. 공부를 하면서 다양한 분야의 흥미로운 저작들을 많이 접하면서도, 석사논문과 박사논문의 주제는 끝내 경제발전과 민주화에 관한 것이 되고 말았다.

석사논문은 한국 지역주의의 기원과 민주화과정에서의 그 역설적 역할에 관한 글이었다. 정치학과에서 개설된 민주화 관련 과목을 수강한 것이 계기가 되었는데, 동아시아를 잘 알고 있던 담당 교수가 한국 지역주의에 관한 좋은 영어 논문을 본 적이 없다며, 필자에게 기말논문으로 이에 대해 써보라고 권유했다. 이 기말논문은 결국 석사논문으로 발전했고, 민주화과정에서의 지역주의의 역할 부분은 수정과 보완을 거쳐 2004년 Politics and Society에 "Regionalism in South Korea: Its Origins and Role in Her Democratization"라는 제목으로 게재되었다. 이 책의 민주화 부분은 이 논문을 다시 발췌·수정·

보완한 것이다.

필자의 박사논문은 한국과 일본의 대표적인 근대화 캠페인인 새마을운동과 지방개량운동을 비교연구한 글이었다. 2000년 이후의 시점에서 한국의 급속한 경제발전에 대한 글을 쓴다면, 주류를 이루고 있었던 경제적 접근이나 개발국가론적 접근으로는 새로운 통찰을 기대하기 힘들다고 생각했다. 그래서 경제발전에 대해 문화적인 접근을 하고 싶었고, 방법을 모색하는 과정에서 근대화 캠페인에 주목하게 되었다. 나아가 미국학계에서의 주목도를 높이기 위해 기왕 하는 김에 한국, 일본, 대만 삼국을 모두 다루어보고 싶어, 처음에는 각국의 대표적인 근대화 캠페인인 새마을운동, 지방개량운동, 신생활운동을 모두 연구하기로 마음먹었다. 하지만 논문을 준비하는 과정에서 초보적 수준에도 미치지 못하는 중국어 실력 때문에, 신생활운동은 포기하고 새마을운동과 지방개량운동만을 연구하게 되었다. 이 책의 새마을운동 부분은 이 연구를 발췌·수정·보완한 것이다. 박사논문의 일부는 또한 2007년 Theory and Society에 "Economic Development in East Asia and a Critique of the Post-Confucian Thesis"라는 제목으로 게재되기도 했다.

대만을 포기했다고 하지만 그것이 도로로 끝난 것만은 아니었다. 애초의 계획을 실행하는 과정에서 필자는 중국과 일본의 근현대사에 대해 상당한 독서를 하게 되었고, 이 과정에서 한국사의 전개를 적어도 동아시아 전체의 틀 속에 놓고 보아야 함을 깨닫게 되었다. 필자는 영어로 쓰인 중국사와 일본사를 보면서 많은 충격을 받았다. 이 역사서들에는 한국도 자주 언급되는데, 거기에서 본 한국사의 모습은 필자가 알던 한국사의 모습과 판이하게 달랐기 때문이다. 이 책 끝머리에 붙인 보론은 이 충격을 반영한 것이다. 이 충격 때문에 역사학자도 아니면서 조선의 500년 역사를 함부로 재단하는 무례를 범하기까지 했다. 무지의 용기라 너그러이 봐주시길 바란다.

필자의 경우, 미국 유학의 이점 하나는 한국을 한국 안에서 보는 것이 아니라 한국 밖에서 볼 수 있는 기회를 가졌다는 것이다. 글 앞머리에 우리나라가 아직 가난과 독재의 흔적이 많은 나라라는 의식을 가지고 박사과정을 시작했다고 말했지만, 필자는 공부를 하면 할수록 우리나라의 산업화과정과 민주화과정이 비교사회적 관점에서 볼 때 얼마나 놀라운 것이었는지를 알게 되었다. 필자의 의식 안에 남아 있던 전 시대의 수많은 언어들과 상식들이 깨져나갔다. 처음에는 저항감이 들었지만, 곧 새로운 언어들과 지식들을 받아들이게 되었다. 더 옳다고 느껴졌기 때문이다. 독자들께서 한국 밖에서 한국을 보니 알던 것과는 조금 다르네 하는 느낌을 갖게 된다면 필자의 의도는 성공한 것이다.

개인적으로는 이 책에 담겨 있는 많은 내용들이 2000년대 초반에 나왔으면 좋았을 것이라고 생각하고 있다. 그로부터 10년도 더 지났으니 늦어도 많이 늦은 것이다. 나오지 않는 것보다는 늦게라도 나온 것이 낫다는 것을 위안으로 삼고 싶다. 유익한 논평을 해주신 서울대학교 정치학과 안도경 교수님, 이 책의 출판을 결정해주신 영남대학교 정치학과 김영수 교수님을 비롯한 심사위원들께 깊은 감사의 말씀을 드린다. 고령의 아버님과 어머님, 함께 동고동락하고 있는 아내와 아들에게도 진심으로 감사를 드린다.

2016년 8월

권기돈

차례

1 들어가는 말

우리나라는 1987년 6월항쟁으로 민주주의를 회복하면서, 근대화의 양대 과제라 할 수 있는 민주화와 산업화를 성취했다. 이 시점에서 민주화와 산업화를 모두 성취한 나라는 지구상에 많지 않았다. 제2차 세계대전 전에 이미 선진국이던 서구와 일본을 제외하면, 한국, 이스라엘, 홍콩 정도밖에 없었다. 근대화에 관한 한 우리나라는 세계사적으로 소수의 성공 집단에 속했다.

근대 이래 세계의 모든 국가들이 밟아 왔던 길은 민주화와 산업화를 교차시켜, 민주적 개발, 민주적 저개발(정체), 독재적 개발, 독재적 저개발(정체)의 네 가지 이념형으로 나눌 수 있을 것이다. 첫째, 민주적 개발이란 영국과 미국처럼 대체로 근대 초기부터 민주주의와 지속적 경제발전을 병행시킬 수 있었던 경우이다. 서구의 많은 국가들도 근대 초기 정치적 격변이 일정하게 정리되면서 민주적 개발의 길에 들어섰다. 제2차 세계대전 이후의 제3세계 국가들만 보면 이스라엘과 홍콩을 이 범주에 넣을 수 있다. 둘째, 민주적 저개발이란 민주주의를 유지하되 지속적 경제발전은 이루어지지 않는 경우이다. 이것은 지속 가능성이 높지 않은 불안정한 체제라 하겠지만, 아무튼 2000년대 이전의 인도와 민주화 이후의 필리핀이 이 범주에 해당한다고 볼 수 있다. 셋째, 독재적 개발은 흔히 개발독재developmental dictatorship로 불리며, 민주주의는 존재하지 않지만 지속적 경제발전은 이루어지는 경우이다. 민주화 이전의 한국과 대만, 싱가포르, 소련과 동독 같은 일부 구 사회주의 국가들, 현재의 중국, 민주화 이전의 일부 남미 국가들이 이 범주에 든다. 넷째, 독재적 저개발은 민주주의도 지속적 경제발전도 이루어지지 않는 경우이다. 이 경우는 대개 국가가 국민을 약탈해 일부 특권층이 국부의 상당 부분을 장악하는 독재가 되기 쉬운데, 이 때문에 관련 문헌에서는 보통 약탈독재predatory dictatorship라 불린다. 루마니아와 같은 상당수 구舊 사회주의 국가들, 민주화 이전의 인도네시아, 민주화 이전의 일부 남미 국가들, 1980-90년대의 상당수 아프리카 국가들을 이 범주에 넣을 수 있다. 북한도 여기에 들어갈 수 있을 것이다. 이 네 가지 이념형 외에도 아프리카의 일부 국가들처럼 내전 등으로 인해 상당 기간 무정부상태 혹은 해체상태에 빠지는 경우도 있지만, 이 상태가 오래 지속될 수는 없다. 오늘날 민주적 경제발전을 이룬 국가들 중 상당수는 나머지 세 가지 혹은 네 가지 상태의 하나 이상을 거치며 오늘에 이르렀다.

민주적 경제발전은 가장 이상적인 발전 궤도이지만, 제2차 세계대전 이후 이 길을 걸은 비서구 국가(혹은 경제체)는 우리가 잘 아는 나라로는 이스라엘과 홍콩밖에 없어 보인다. 이스라엘은 아랍 국가들과 사활적 대결을 하는 가운데서도 민주주의를 유지하고 경제를 발전시켰는데, 세계사적 경험에서 볼 때 아주 놀라운 사례이다. 보통 4년마다 열리는 총선에서 2% 이상의 득표율을 올리면 어떤 정당이라도 득표율에 따라 의석을 배분 받는 완전 비례대표제로 인해 많은 정당들이 난립해 있고, 정당들의 이념적 스펙트럼도 좌우로 넓게 퍼져 있어, 이렇게 엄중한 외교군사 환경 속에서 어떻게 의원내각제 민주주의를 유지할 수 있었는지 우리의 입장에서는 신기하기까지 하다. 하지만 유태인의 지적 재정적 바탕과 서구의 지원을 고려하면 놀라움은 조금 줄어든다. 홍콩 역시 영국의 조차지이자 소규모 도시경제라는 특수성 때문에 민주적 경제발전의 적절한 예인지는 다소 의문이다. 이를 고려하면 전후의 상황에서 민주적 경제발전은 가능성이 높지 않은 길이었고, 쉽게 들어갈 수 없는 극히 좁은 문이었다.

이를 제외하면 개발독재의 길만이 경제발전에 성공했는데, 1980년대의 시점에서 이 범주에 든 국가는 동아시아 일부 국가들밖에 없었다. 남미, 아시아, 아프리카에 들어선 많은 군부독재는 쉽게 약탈독재로 바뀌어 경제적 후퇴와 혼란을 초래했다. 다수의 제3세계 국가들에서 독재가 오래 이어지다 잠시 민주정부가 들어선 경우도 있었지만, 저개발 가운데서도 민주주의를 안정적으로 유지한 경우는 인도가 거의 유일하며, 민주화 이후의 필리핀은 아직까지도 저개발과 정치적 불안정에 시달리고 있다.

한국은 대만과 더불어 20세기의 경제발전사에서 제3세계 국가 중 싱가포르와 홍콩 같은 도시국가를 제외하곤 가장 빛나는 사례에 속한다. 이를 아주 극적으로 보여주는 논문이 아리기와 드란젤의 「세계경제의 계층화: 반주변부 지대에 대한 탐구」라는 글이다.[1] 그들은 이 논문에서 왈러스타인Wallerstein의 세계체제론에서 말하는 '반주변부' 개념이 실증적으로 유효한지를 검토했다. 이를 위해 1938년에서

1. Giovanni Arrighi and Jessica Drangel, "The Stratification of the World-Economy: An Exploration of the Semiperipheral Zone," *Review* X, 1 (1986): 9-74.

1983년까지 일인당 GNP에 기초해 세계 약 100개국을 중심부, 준중심부, 반주변부, 준주변부, 주변부로 나누었다. 일인당 GNP는 매년 변하므로, 이 기간에 한 나라의 지위는 상향 이동을 할 수도 있고, 하향 이동을 할 수도 있으며, 동일한 지위를 계속 유지할 수도 있다. 반주변부 개념이 실증적으로 유효하다면, 이 범주에 드는 국가들의 소득 수준이 중심부나 주변부의 소득 수준과 유의미한 차이를 보일 것이며, 또한 매년 개별 국가들의 출입은 있어도 일정수의 국가들이 장기간에 걸쳐 안정적으로 이 범주에 속해 있을 것이다. 연구 결과, 거의 반세기에 걸쳐 반주변부 국가군이 안정적으로 존재하는 것으로 나타났다. 또한 반주변부에서 주변부로의 하향 이동은 일정 정도 존재하지만, 주변부에서 반주변부로의 이동 혹은 반주변부에서 중심부로의 이동은 아주 드물었다. 특히 제3세계 국가 중 주변부에서 반주변부로 상향 이동을 한 경우는 단 한 나라밖에 없었는데, 이 나라가 바로 한국이었다. 한국은 1938-50년 시기에 주변부 국가였다가 1975-83년 시기에 반주변부 국가가 되었다. 대만의 경우 관련 데이터의 부재로 연구에서 제외되었지만, 데이터가 있었다면 한국과 동일한 배타적 클럽에 가입했을 것이다.

이처럼 민주주의 국가들이 계속 빈곤의 덫에 빠지고 빈곤 속에서 독재로 회귀하는 반면, 일부 개발독재 국가가 두드러진 경제적 성과를 보이자, 학계 일각에서는 빈곤한 나라에서 독재가 경제발전에 더 유리할 수 있으며, 경제가 발전하면 독재가 민주주의에 자리를 물려준다는 주장이 대두되었다. 예컨대 미국의 저명한 사회학자이자 정치학자인 시머 마틴 립세트Seymour Martin Lipset는 민주주의를 성취하기 위해서는 문자해득, 매스컴, 소득 평등, 정치적 안정과 같은 전제조건들이 필요하며 이러한 전제조건들은 다시 일정한 수준의 경제발전을 전제한다고 주장했다.[2] 그렇다면 민주주의를 이루기 위해서는 독재를 지지하거나 적어도 용인해야 한다는 결론이 나온다. 이러한 주장은 특히 근대화론자들이 자주 제출했지만, 진보적 성향의 배링턴 무어도 "부르주아지 없이 민주주의 없다"는 금언과 같은 말로 민주주의가 최소한의 경제발전을 전제한다고 주장했다.[3] 독재가 정말 경제를 더 잘 한다면, 이것은 물론 아주 불편한 주장이다. 쉐보르스키와 그의 동료들은 이것이 과연 불편한 진실인지 아니면 진실처럼 보이는 허구인지를 철저히 규명하고자 했다.[4]

그들은 1950년부터 1990년까지 135개 나라들에 대해 민주주의가 존재했던 연도와 독재가 존재했던 연도를 계산해 총 4,318개 연도를 산출했다. 이 연도들에서 224개의 체제가 존재했는데, 101개가 민주주의였고 123개가 독재였다. 또한 독재로의 이행이 40회, 민주주의로의 이행이 50회 있었다. 이러한 통계치를 가지고 그들은 엄밀한 통계학적 분석을 통해 독재가 민주주의보다 경제성장을 발생시킬 확률이 더 높지 않다는 것, 그리고 독재 하에서의 경제발전이 민주주의를 낳지 않는다는 것을 주장했다. 예컨대 1950년에 일인당 국민소득이 1,000달러 미만이었던 56개 독재체제들은 경제를 발전시키는데 실패했다. 1990년까지 민주주의 하에서건 독재 하에서건 1,000

2. Seymour Martin Lipset, "Some Social Requisites of Democracy : Economic Development and Political Legitimacy," *American Political Science Review* 53 (March 1959) : 69-105.
3. Barrington Moore, *Social Origins of Dictatorship and Democracy*(Boston : Beacon, 1966), p. 418.
4. Adam Przeworski, Michael Alvarez, José Antonio Cheibub and Fernando Limongi, "What Makes Democracies Endure?" *Journal of Democracy*, 7.1 (1996) : 39-55 ; *Democracy and Development : Political Institutions and Well-Being in the World, 1950-1990* (Cambridge University Press, 2000).

달러에 이른 체제는 이 가운데 18개, 2,000달러에 이른 체제는 6개, 3,000달러를 넘은 체제는 3개밖에 없었다. 한국과 대만은 예외적이었다. 이 두 나라는 1950년에 독재 하에서 1,000달러 미만에서 출발해 1990년에 이르러 일인당 국민소득이 5,000달러를 상회한 유일한 나라들이었다.[5]

마이클 코피지는 『민주주의와 발전』에 대한 논평에서 쉐보르스키 등의 업적을 높이 평가하면서도 민주주의, 독재, 경제발전 사이에 상관관계가 없다는 그들의 주장에 이의를 제기한다. 그들 자신의 분석에 따른다 해도, 일인당 소득은 민주주의로의 이행 확률에 매우 유의한 긍정적 영향을 미친다는 것이다. 구체적으로, 그들의 회귀식에 따르면 독재의 수명은 일인당 GDP 1,000달러에서 20년에 이르지만 5,000달러에서는 15년, 10,000달러에서는 11년, 20,000달러에서는 6년으로 줄어든다.[6] 요컨대 한 나라의 국민소득이 높을수록 민주주의가 될 확률은 높아진다. 그렇다면 독재 하에서 경제발전이 이루어지더라도 민주주의가 등장하는 것은 아니라는 쉐보르스키 등의 주장은 다소 설득력을 잃는 셈이다. 하지만 코피지의 반박에도 불구하고 그들이 주장하는 바—독재가 경제발전에 더 유리한 것은 아니며 따라서 독재가 민주주의로 가는 필요악도 아니다—의 전반적 정당성이 심각하게 훼손되는 것은 아니다. 부분적인 문제점은 있지만, 그들의 저술은 민주주의의 우월성에 대한 가장 탁월한 통계학적 확인이다.

우리의 관점에서 볼 때 쉐보르스키 등의 저술에서 단연 두드러지는 것은 다시 한 번 우리나라가 대만과 더불어 세계사적으로 아주 예

5. Przeworski et al., "What Makes Democracies Endure?," p. 39.

6. Michael Coppedge, "Review." 2014. http://www3.nd.edu/~mcoppedg/QPA/PrzEtAl.pdf.

외적인 40년을 거쳤다는 것이다. 두 나라는 독재 하에서 예외적인 경제적 성공을 이룬 데 더해 1990년 전후에 민주화를 이룬 예외적인 정치적 명예까지 얻었다. 더 엄밀히 말해 대만의 경우 1994년에 대통령 직선제가 헌법적으로 확립되었으므로, 1980년대 말에 이르러 제2차 세계대전 이후 산업화와 민주화를 성취한 비서구 국가는 이스라엘과 더불어 한국밖에 없었던 셈이다. 이 글은 한국이 어떻게 이 탁월한 성취를 거두게 되었는지를 보려고 한다. 사실 한국의 산업화와 민주화는 국내외의 수많은 학자들이 다뤄 왔던 주제이다. 특히 한국의 경제발전은 1990년대까지만 해도 세계 개발사회학 및 개발경제학계에서 가장 광범위한 주목을 받은 연구 주제였다. 개발사회학의 많은 이론적 발전이 한국을 필두로 한 동아시아의 경험에서 나왔을 정도이다. 이렇게 많은 학문적 관심을 받은 익숙한 주제라면 새삼 쓸 게 무엇이 남아 있겠는가 하는 의문이 든다.

이 책은 한국에서 나온 기존의 연구와 세 가지 점에서 다르다. 첫째, 비교사회적 관점을 취한다. 립세트는 한 나라만을 아는 사람은 아무 나라도 모르는 사람이라고 말한 적이 있다. 세계의 학자들이 활동하는 미국학계에서는 산업화와 민주화처럼 국가수준에서 일어나는 사회적 현상들에 대해서는 비교사회적 관점을 취하는 일이 당연시된다. 나의 진면모는 타인과 비교할 때만 제대로 드러나는 것과 마찬가지이다. 한국의 사회과학계에서 다소 모자란 것이 이러한 비교사회적 관점이 아닌가 한다. 우리나라의 사회과학자들이 다수의 국가를 한꺼번에 심도 있게 다루는 일은 흔치 않다. 이 책은 주로 외국학계의 연구에 기초해 한국의 산업화와 민주화를 국제적 맥락 속에 넣고자 노력한다.

둘째, 이 책은 산업화와 관련해 문화적 접근을 취한다. 물론 한국을 비롯한 동아시아의 경제발전에 대해 문화적 접근을 하는 연구들은 아주 많다. 유교자본주의론은 동아시아 경제발전에 대한 대표적인 문화적 접근이다. 이 주장은 로버트 벨라, 피터 버거, 투 웨이밍 같은 미국과 중국의 저명한 학자들 외에도 많은 학자들에게서 지지를 얻었다. 높은 교육열은 동아시아 경제발전의 주요한 문화적 요인으로 꼽히며, 얼핏 보기에 교육열이 유교와 무관하다고 주장하기는 아주 어렵다. 하지만 장기적인 비교역사적 관점에서 보면, 근대 초기부터 중국이 쇠퇴하고 동아시아가 정체에 빠지게 된 사태에 대해 유교에 책임을 지우지 않기도 얼핏 보기에 어렵다. 이것이 베버의 주장이다. 그리하여 우리는 유교라는 동일한 변수가 한 번은 저발전을, 다른 한 번은 발전을 설명하게 되는 논리적 모순에 빠지게 된다. 따라서 유교자본주의론을 주창하는 학자들은 피터 버거[7] 처럼 베버의 주장을 오류라고 주장하거나, 로버트 벨라[8] 처럼 베버의 주장을 우회함으로써, 이러한 논리적 궁지에서 벗어나고자 한다. 통상적인 문화적 접근이 이처럼 방법론적 취약성을 갖는 이유는 문화를 어떤 내면화된 가치와 태도 같은 것, 따라서 고정된 것, 잘 변하지 않는 것으로 보기 때문이다. 이러한 문화개념은 방금 말한 논리적 모순을 극복하기 쉽지 않다. 이 책은 문화를 잘 변하기도 하는 것, 나아가 의도적으로 바꿀 수 있는 것으로 본다. 이것을 주체적 전략적 문화개념agentic and strategic view of culture이라 부를 수 있다.

7. Peter Berger, "An East Asian Development Model?" pp. 3-11 in Peter Berger and Hsin-Huang Michael Hsiao (eds.), *In Search of an East Asian Developmental Model* (New Brunswick : Transaction Books, 1988).
8. Robert Bellah, *Tokugawa Religion : The Cultural Roots of Modern Japan* (Glencoe : The Free Press, 1985).

셋째, 민주화와 관련해서는 헌팅턴과 쉐보르스키의 민주화 이행 이론에 기대는 가운데, 지역주의의 의도되지 않은 역할을 강조한다. 한국의 민주화는 헌팅턴이 말하는 '제3물결 민주화' 국가들 가운데 가장 순조로운 과정을 거쳤으며, 과거사 청산의 면에서도 가장 철저한 편에 속했다. 이는 성인이 되어 민주화 이행기를 겪은 다수 국민들에게는 상당히 놀라운 사실일 것이다. 그들은 우리의 정치와 사회가 민주화 이행기에 얼마나 폭발적이었고 얼마나 시끄러웠는지 선연히 기억하고 있으며, 우리의 정치는 어쩌면 아직까지도 그 후유증을 앓고 있다고 해야 할 것이다. 그러나 우리나라 민주화의 순조로움과 철저함은 다른 나라들의 민주화와 비교하면 즉시 아주 명확하게 드러난다. 그렇다면 그 모든 폭발성과 시끄러움은 다 무엇이란 말인가? 민주화가 원래 그런 것이기 때문이다. 민주화는 정치의 판을 다시 짜는 것이며, 나라의 지각을 변동시키는 것이다. 지진은 당연하다. 민주화 이행의 요체는 이 사회적 지진의 강도를 줄이며 새로운 판짜기가 원활히 진행되도록 하는 것이다. 쉐보르스키의 표현을 빌리면, 민주주의를 "우리 동네의 유일한 게임"the only game in town으로 만드는 것이 민주화 이행의 알파이자 오메가이다. 이 책은 우리나라의 민주주의가 민감한 고성능 폭발물과도 같은 이행기를 "비교적 순조롭고 무탈하게" 거치며 우리나라의 유일한 게임으로 되는 데 있어 지역주의가 일정한 역할을 했다고 주장한다. 지역주의가 실질적 민주주의의 발전에 기여했다고 주장하는 것은 아니다. 민주화 이행기에 지역주의는 선거의 결과를 좌우하는 최대의 정치적 변수였으며, 따라서 주요 정치세력의 정치 행위는 지역주의를 염두에 두며 전개되었다. 지역주의와 이에 대한 정치적 고려가 어떻게 의도하지 않게 순조로운 민주화 이행으로 귀결되었는지를 보는 것이 이 글의 과제이다.

2

한국 경제발전의 문화적 원천: 개발 도덕화로서의 새마을운동

우리나라에는 지금 가난이 인간의 고통human sufferings 가운데 가장 원초적인 고통임을 절실히 체험한 세대와 가난으로부터의 탈출, 곧 성장이 뭔가 인권과 상반되는 개념이라고 생각하는 세대가 공존하고 있다. 하지만 한국전쟁의 참화를 겪은 세대에게 가난으로부터의 탈출이라는 의미에서의 성장은 가장 원초적인 인권이었다. 발생학적으로 볼 때 성장은 인권보다 훨씬 더 오래된 개념이다. 가난은 인류와 가장 오랫동안 함께 벗해왔던 나쁜 친구이며, 인간의 숙명이었다. "가난은 나라님도 못 구한다"는 우리의 속담은 빈곤의 숙명성을 표현하는 동시에, 전통사회에서 가난으로부터의 해방이 얼마나 지난한 것이었는지를 보여주는 절규이다. 반면 인권이란 개념은 영국의 공동체주의 정치철학자 매킨타이어에 따르면 근대의 발명품이다.[9] 이 근대의 발명품은 자기확장을 계속해 빈곤으로부터의 탈출에 대한 권리 곧 생존권까지 포함하게 되었다. 그러므로 보릿고개를 숙명처럼

9. Alasdair McIntyre, *After Virtue* (University of Notre Dame Press, 1981).

여기고 살아온 사람들, 전쟁의 잿더미 속에서 생존의 무게에 허덕이던 사람들에게 가난으로부터의 탈출은 가장 원초적인 인권에 대한 주장이었다. 바로 이 때문에 "잘 살아보세"라는 단순한 구호가 그렇게 강력하게 1970년대 한국인을 사로잡았던 것이다.

엄밀히 말하면, 가난으로부터의 탈출과 성장은 같은 말이 아니다. 근대에 와서 성장은 가난으로부터의 '영구적' 탈출을 내포하고 있으며, 지속적 성장sustained growth의 준말이라고 해야 한다. 근대 이전 인류사에서도 가난에서 벗어나 풍요를 누리는 예는 무수히 많다. 그러나 이것은 대체로 일시적 현상이었다. 인류에게 짧은 풍요가 와도 어김없이 긴 가난이 뒤따랐다. 인류사는 풍요의 선순환의 역사가 아니라 빈곤의 악순환의 역사였다. 빈곤의 악무한을 끝낸 것이 산업혁명이었다. 이 혁명은 사실 오늘날의 경제 기준으로 보면 혁명이 아니었다. 학자들의 추정에 따르면, 18세기 말 산업혁명 당시 영국의 경제 성장률은 1-2%였다고 한다. 오늘날의 기준으로 보면 심각한 저성장이 혁명이었다. 그렇다면 산업혁명 이전 인류는 대체로 마이너스 성장, 제로 성장, 극단적 저성장의 반복 속에서 살았던 셈이다.

산업혁명 이전의 인류 경제사에 대해 잭 골드스톤이 전하는 이미지는, 인간의 조건이 동물의 조건과 크게 다르지 않았다는 것이다.[10] 동물의 세계에서 개체수가 증가하면 식량이 부족해지고 식량이 부족해지면 개체수가 감소한다. 단순화의 위험을 무릅쓰면 인류사의 전진도 이와 크게 다르지 않았다. 특정 시점에서 식량이 증가하기 시작한다고 가정하자. 이에 따라 인구도 증가하기 시작한다. 인구의 증가

10. Jack Goldstone, *Revolution and Rebellion in the Early Modern World* (Berkeley: University of California Press, 1991).

는 식량의 증가를 낳을 것이다. 하지만 인구 증가가 가속화되면 특정 시점에 이르러 기존의 사회적 경제적 자원으로 감당할 수 없는 포화 상태에 이른다. 사회적 갈등이 일어나고 전쟁이 일어나고 기근과 전염병까지 일어난다. 근대 이전 전쟁, 기근, 전염병은 포화상태에 이른 인구를 정리하는 가장 중요한 메커니즘이었다.

인구의 기하급수적 증가와 식량의 산술급수적 증가를 대비시키며 파국을 예견한 맬서스(1766-1834년)의 이론도 산업혁명 이전 생물학적 순환에 맡겨진 인간의 운명을 웅변하고 있는 것일지도 모른다. 혹은 이 파국 메커니즘에서 아직 빠져나오지 못한 산업혁명 초기의 상황을 표현하고 있는 것일 수도 있다. 산업혁명과 자본주의는 이 악순환, '맬서스적 파국' Malthusian catastrophe 메커니즘을 끊는 결정적 계기였다. 가난을 큰 줄거리로 하고 풍요를 잠깐의 삽화로 삼던 역사가 정반대의 역사로 바뀌었다. 근대적 성장은 그래서 지속적 성장이다. 빈곤으로의 체계적 복귀는 사라지고 성장이 체계 내에 장착되었다. 인간의 고통 가운데 가장 근원적인 고통인 가난이 인간을 영원히 떠날 가능성이 마련되었다.

하지만 가능성은 가능성일 뿐 가능성을 현실로 만드는 것은 전혀 다른 문제이다. '지속적 성장'을 성취하는 데는 숱한 노력과 지혜가 필요하다. 숱한 노력과 지혜가 필요 없는 일이었다면, 지구는 이미 오래 전에 지속적 성장에 이른 나라로 뒤덮였을 것이다. 우리나라가 본격적 경제개발에 착수하기 시작한 1960년대 무렵, 이미 지속적 성장의 궤도에 올라 있던 나라는 유럽, 북미, 오세아니아대륙의 선진국, 그리고 일본밖에 없었다. 지금은 중남미와 동아시아를 중심으로 더 많은 나라들이 이 궤도에 올라 있으나, 남아시아와 아프리카의 다수 국가들은 아직도 맬서스적 덫에서 아직도 완전히 빠져나오지 못했다.

가난은 나라님도 못 구한다는 속담에는 가난을 자연의 힘으로, 나라님을 인간의 힘으로 보고 인간의 힘이 자연의 힘을 이길 수 없다는 체념이 있다. 따라서 가난으로부터의 탈출은 자연이 인간에게 부과한 운명으로부터의 탈출이며, 인간사에 미만한 고통으로부터의 탈출이다. 이제 이 역사적 탈출의 몇몇 중요한 장면을 살펴보기로 하자.

한강의 기적에 대한 미국학계의 반응

1960년대에서 1980년대까지 우리나라는 놀라운 속도로 지속적 성장의 궤도에 진입했다. 이 30년 간 GDP 성장률은 연평균 약 10%에 가까웠고, 수출성장률은 싱가포르나 홍콩 같은 도시국가를 제외한다면 인류사에서 거의 전례가 없을 정도이며, 그래서 흔히 기적이라고들 한다. 지금은 중국이 인류사에서 전례 없는 성장속도를 보이고 있다. 이는 후발자의 이익으로 볼 수도 있으며, 사실은 한국과 대만의 높은 경제성장률도 후발자의 이익이라 볼 수 있다. 20세기에 들어 제2차 세계대전 이전까지 주요국 가운데 경제성장률이 가장 높았던 나라가 일본이었고, 그 평균성장률은 4%대였다. 일본은 이미 1930년대에 경제 기적이라는 표현을 얻었다. 전후 일본과 독일이 경제부흥을 하고, 한국과 대만을 비롯한 일부 아시아 국가들이 성장의 밴드왜건에 올라타기 시작했을 때, 경제성장률은 10%에 조금 못 미치는 수준이었다. 중국은 10%를 훨씬 상회하는 성장률을 심심히 않게 보이고 있다. 지하자원에 의지하지 않고 이렇게 높은 경제성장률을 보이는 나라들이 동아시아에 집중되어 있는 것은 흥미로운 일이다. 존 스튜어트 밀은 『자유론』에서 중국을 '퇴보'의 화신化身이라 불렸고,[11] 막스 베버는 『중국의 종교』에서 '주술의 정원'이라 부른 적이 있다.[12] 최고의 사상가와 학자라도 100년 앞까지 내다볼 수 없는 것은 확실하다.

한국의 눈부신 경제발전에 대해서는 이미 1970년대부터 '한강의 기적'이라 불리며 서구의 언론에서 대서특필되었다. 이와 동시에 미국의 학계도 한국을 선두로 한 동아시아 신흥공업국의 발전에 본격적으로 반응하기 시작했다. 미국학계가 어떤 식으로 반응했는지도 한국의 경제발전의 속도와 규모를 보여주는 하나의 척도이다. 무수한 책과 논문들이 나왔지만, 개발사회학에서 이론적 의의가 높은 책들을 중심으로 한국의 경제발전에 대한 미국학계의 반응을 간략히 보기로 한다.

제2차 세계대전 이후 세계 각 지역의 경제개발에 대한 접근은 대략 다섯 가지로 나눌 수 있다.[13] 신고전파경제학, 세계체제론/종속이론, 개발국가론, 제도적 분석, 마르크스주의가 그것이다. 신고전파 경제학적 접근은 주로 세계은행과 IMF을 위해 활동하는 학자들이 취하는 것으로, 자유시장경제의 우수성을 주창한다. 세계체제론/종속이론은 마르크스주의에 크게 영향을 받은 것이지만 내용적으로는 상당히 다르다. 이 이론은 세계를 중심부, 반주변부, 주변부로 나누고 주변부의 저발전이 중심부의 착취로 인한 것이라고 주장한다. 개발국가론은 개도국의 발전에서 국가의 역할을 중시하는 입장이다. 제도적 분석은 신고전파 경제학적 접근의 합리적 행위자 모델을 거부

11. John Stuart Mill, *On Liberty*. 권기돈 역, 『자유론』(서울 : 펭귄출판사, 2010).
12. Max Weber, *The Religion of China* : *Confucianism and Taoism* (Glencoe : Free Press, 1951).
13. Gary Gereffi and Stephanie Fonda, "Regional Paths of Development" *Annual Review of Sociology 18* (1992) : 419-48.

하고, 경제적 네트워크란 항상 사회적 맥락 속에 묻혀들어 있다embedded는 것, 그리고 경제개발에서 문화가 중요한 역할을 한다는 것을 강조한다. 마르크스주의는 당연히 임금노동의 착취와 피지배계급의 억압을 통한 이윤 축적을 설명의 중심으로 삼는다. 흥미로운 점은 때로 정면으로 충돌하기도 하는 이 다섯 가지 이론이 대체로 한국을 모델케이스로 삼는다는 것이다. 신고전파 경제학은 주류적 접근이고, 나머지 접근은 모두 이 주류에 대한 비판으로 성립한 것이다. 그러면서도 이 다섯 가지 접근을 대변하는 학자들의 다수가 한국, 대만, 홍콩, 싱가포르 같은 나라들, 특히 한국을 가장 대표적인 실례로 꼽는 것은 자못 재미있는 현상이다.

한국은 특히 개발국가론을 주창하는 학자들의 집중적인 주목을 받았다. 앨리스 암스덴은1989년에 『아시아의 다음 거인 : 한국과 후기 산업화』라는 책을 써서 한국이 일본에 뒤이어 아시아의 다음 거인으로 부상할 것이라고 예견했다.[14] 암스덴은 한국 국가가 주류 경제학자들의 주장과 달리 경제를 움직이는 주요 요소들(예컨대 환율)의 가격을 의도적으로 왜곡시킴으로써getting the prices wrong 경제 기적을 일으켰다고 주장했다. 로버트 웨이드도 1990년에 『시장 다스리기 : 경제이론과 동아시아 산업화에서 정부의 역할』을 펴내, 주류 경제학자들의 주장을 반박하며 한국과 대만의 정부가 시장을 길들임으로써 경제개발에 성공했다고 주장했다.[15] 우리나라가 낳은 세계적인 경제학자 장하준의 저작도 별도의 독특한 점이 있지만 결국 이 범주에 포

14. Alice Amsden, *Asia's Next Giant : South Korea and Late Industrialization* (New York : Oxford University Press, 1989).

15. Robert Wade, *Governing the Market : Economic Theory and the Role of Government in East Asian Industrialization* (Princeton : Princeton University Press, 1990).

함될 수 있을 것이다.

다른 한편 한국은 세계체제론/종속이론과 마르크스주의에 대해서는 너무나 성가신 모델 케이스였다. 종속이론은 주로 남미 국가들의 경제개발 경험에 기초해 성립한 이론이었다. 이 이론에 따르면 주변국은 중심국의 착취로 인해 저발전의 늪에서 빠져나올 수 없다. 하지만 한국을 비롯한 아시아 국가들은 주변국이 얼마든지 반주변국과 중심국으로 성장할 수 있음을 보여주었다. 종속이론의 입장에서 주변부 국가들의 경제성장을 설명하기 위해 내놓은 이론이 피터 에반스의 '종속적 발전'이론이다.[16] 에반스의 『종속적 발전』은 브라질의 종속적 발전에 관한 책이지만, 이는 동아시아 국가들의 발전에도 잘 적용될 수 있는 것처럼 보였다. 이 책에서 그는 발전을 강조하는 것만큼 여전히 종속을 강조하는 가운데 중심부의 제국성과 주변부의 식민성이라는 전통적 마르크스주의 이론틀을 유지하고자 한다. 하지만 그는 1990년대에 들어 종속적 발전이론마저 포기한 것으로 보인다. 아무튼 세계체제론/종속이론이 내놓은 몇 가지 개념들, 곧 세계체제와 종속 같은 개념들은 여전히 유용하게 쓰이지만, 이 이론 자체의 매력은 거의 사라진 것으로 보인다.

경제개발에 대한 마르크스주의적 접근은 한국을 비롯한 동아시아 국가들의 성장으로 인해 파멸적 타격을 입고 이제 역사의 뒤안길로 사라졌다. 한국이 경제개발에 박차를 가하던 1970년대 중반 무렵 포스터-카터라는 마르크스주의 학자는 한국을 '사상누각'a house built on sand 혹은 '비틀거리는 신식민지'라 규정하며 곧 쓰러질 나라로 묘사

16. Peter Evans, *Dependent Development: The Alliance of Multinational, State, and Local Capital in Brazil* (Princeton University Press, 1979)

한 반면, 북한은 높은 자립적 발전 잠재력을 가지고 있다고 주장했다.[17] 그릇된 이론으로 현실에 눈을 닫으면 지금 일어나고 있는 일도, 곧 일어날 일도 제대로 볼 수가 없다.

개발사회학에서 자주 논란거리가 된 한 가지 쟁점은 수입대체 산업화 전략이 나은가 수출주도 산업화 전략이 나은가 하는 것이었다. 이 방면에서 가장 대표적인 저작의 하나는 스테펀 해거드의 『주변부에서 벗어나는 길: 신흥공업국들에서의 성장의 정치』이다.[18] 해거드는 수출주도전략이 우월하다는 관찰을 받아들이면서, 그렇다면 애초에 왜 한국과 대만 같은 나라들은 수출주도전략을 채택한 반면, 브라질과 멕시코 같은 나라들은 수입대체전략을 고수했는지를 묻는다. 그는 국제적 요인, 국내의 세력 연합, 정치제도, 사고의 네 가지 변수를 통해 이에 대한 대답을 제시하고자 했다. 비벡 치버도 수입대체전략의 인도와 수출주도전략의 한국을 대비하며, 수출주도 산업화 전략의 우월성을 이론적 경험적으로 증명하고자 했다.[19] 이들의 주장에 대해서는 다음 절에서 상세히 논의할 것이다.

사실 비벡 치버는 나의 지도교수인 에릭 올린 라이트Erik Olin Wright 위스콘신-매디슨 사회학과 교수에게서 박사논문 지도를 받은 인도계 미국인이다. 치버의 책이 공식적으로 출간되기 전 라이트 교수의 수업시간에 초고를 읽은 적이 있다. 그를 초청해 이 초고를 놓고 토론을 할 때, 개발 연간에도 재벌의 집합적인 경제적 권력이 국가권력보

17. Aidan Foster-Carter, "North Korea : Development and Self-Reliance, a Critical Appraisal," *Bulletin of Concerned Asian Scholars* 9, no. 1 (1977).

18. Stephan Haggard, *Pathways from the Periphery : The Politics of Growth in the Newly Industrializing Countries* (Ithaca : Cornell University Press, 1990).

19. Vivek Chibber, Locked in Place : *State-Building and Late Industrialization in India* (Princeton University Press. 2003).

다 우위에 있었다는 그의 주장에 대해 99%의 한국인들은 그렇게 생각하지 않을 것이라고 대답했던 기억이 난다. 경제권력과 국가권력의 관계가 논의의 대상이 된 이유는, 미국학계에서 1970년대 후반 이래 기존의 마르크스주의적 사회중심적 접근법에 대항해 스카치폴Theda Skocpol 등의 주도로 국가중심적 접근법이 강력하게 대두되었기 때문이다.[20] 시간이 흐르면서 국가중심적 접근법이 대세를 이루게 되었으며, 치버의 주장은 이에 대한 사회중심적 접근법의 반격이었다. 개발국가론은 개발사회학 분야에서의 국가중심적 접근법이라 할 수 있다. 개발사회학 분야에서 국가중심적 접근법의 핵심은 국가가 사회로부터 자율성과 독립성을 획득할 때에야 사회의 복잡한 이해관계에서 벗어나 경제개발이라는 공동선을 효과적으로 추구할 수 있다는 것이다.

하지만 논쟁이 진행되며 양 접근법의 일정한 절충이 일어났다. 그리하여 국가가 단순히 사회로부터의 자율성을 획득하는 것으로 충분하지 않으며, 이 자율성은 사회 속에 묻혀들어 있어야 한다는 주장이 대두되었다. 이 주장을 대변하는 책이 피터 에반스의 『묻혀들어 있는 자율성: 국가와 산업 변화』이다.[21] 한국, 브라질, 인도의 철강산업과 컴퓨터산업에 대한 분석에 기초해, 그는 한 국가가 진정으로 개발국가가 되려면 국가가 사회로부터 자율성을 가지는 동시에 사회와 연결되어 있어야 한다고 주장한다. 국가의 '묻혀 들어 있는 자율성'embedded autonomy은 국가 조직이 집단적 응집성을 가지는 동시에 국

20. Peter Evans, Dietrich Rueschemeyer and Theda Skocpol, *Bringing the State Back in* (Cambridge: Cambridge University Press, 1985).

21. Peter Evans, *Embedded Autonomy: States and Industrial Transformation* (Princeton University Press. 1995).

가가 사회와 연결되어 있을 때 성취될 수 있다. 이 이념형에 근접하는 국가는 거의 없지만, 한국은 묻혀 들어 있는 자율성의 한 버전이라 할 수 있으며, 그 반면 브라질과 인도는 불완전한 중간적 형태에 머문다.[22] 이 책이 나온 이후 "사회에 묻혀들어 있는 자율성"은 개발사회학에서 완전한 시민권을 얻었다.

사회에 묻혀들어 있는 자율성이란 예컨대 이런 것이다. 과거 우리나라 정부는 수출업계와 정례적으로 회의를 열어 수출현황을 점검하고 수출목표를 달성하기 위해 업계가 무엇을 해야 하는지, 어떤 정책적 도움이 필요한지를 논의했다. 비단 수출뿐만 아니라 경제의 광범위한 분야에 걸쳐 정부와 경제계가 정례적으로 협의를 했다. 물론 이와 같은 협의의 자리가 끝나면 점심식사나 저녁식사를 함께 했을 것이고, 이 자리에서 부패의 정치가 이루어졌을지도 모른다. 이러한 협의를 두고 정경유착이라 부를 수도 있고 사회에 묻혀들어 있는 자율성이라 부를 수도 있다. 분명한 것은, 이를 정경유착이라 부르는 사람들은 한국경제의 성장을 제대로 설명하지 못했고, 묻혀들어 있는 자율성이라 부르는 사람들은 그것을 설명할 수 있었다는 것이다.

지금까지 본 것처럼 한강의 기적은 미국 개발사회학과 개발경제학 분야의 저명한 학자들에게서 집중적인 조명을 받았다. 2000년대 초반까지도 한국은 개발사회학에서 가장 중요한 국가로 취급되었으며, 내가 읽은 이 분야의 논문 가운데 한국을 언급하지 않은 논문은 거의 없었던 것으로 기억된다. 더 놀라운 것은 한국의 경제개발 경험이 개발사회학 분야에서 몇 가지 이론적 혁신까지 낳았다는 점이다. '묻혀들어 있는 자율성'은 대표적인 경우이다. 물론 한국만이 아니라 신흥

22. 위의 책, pp. 12-13.

공업국 전체의 경험이 이러한 이론적 혁신을 낳았지만, 우리나라의 경험이 가장 선두에 있었다는 것은 의심의 여지가 없다.

수출주도전략으로의 결정적 전환

한국이 이처럼 관련 학계에 이론적 혁신을 낳을 만큼 20세기 개도국 경제발전사에서 빛나는 성공을 거둘 수 있었던 요인은 무엇인가? 관련 문헌에서 가장 지배적인 정치경제학적 설명은 한국의 수출기계로의 전환을 꼽고 있다. 한국은 이승만 대통령 시기에 수입대체산업화 전략을 따랐고, 이 기조는 박정희 대통령이 집권한 직후에도 지속되었다. 한국의 경제성장은 1960년대 중반 박정희 대통령이 수출주도산업화 전략으로 전환하면서 본격화되기 시작했다. 대만도 한국보다 약간 일찍 수입대체에서 수출주도로 전환했다. 한국과 대만은 비슷한 시기에 수출주도산업화 전략을 채택하며 가장 성공적인 경제성장사를 썼기 때문에, 수출주도전략 혹은 대외지향적 전략이 수입대체전략 혹은 대내지향적 전략보다 더 우월한 전략이라는 주장이 유력하게 대두되었다.

예컨대 세계은행은 1987년 『세계개발보고서』에서 대외지향적 전략의 우월성을 보이고자 했다. 이 보고서는 41개 개도국을 강한 대외지향, 약한 대외지향, 약한 대내지향, 강한 대내지향으로 나누고, 1963-73년 시기와 1973-85년 시기에 대해 12가지 지표를 놓고 각 범주의 경제적 성취를 비교했다. 이 보고서는 한 나라가 대외지향적일수록 경제적 성취가 더 높을 것이라고 예측했다. 이 예측이 완전히 맞아떨어진 것은 아니지만, 네 개의 범주를 두 개의 대 범주로 묶어 대외지향 전략과 대내지향 전략을 비교할 경우 대외지향 전략이 대내지향 전략보다 더 우월한 것으로 나타났다.[23]

비벡 치버는 수출주도산업화ELI가 수입대체산업화ISI보다 나은 이유를 체계적으로 제시한다.[24] 그에 따르면, 개발의 첫 출발점은 자기 자신과 자본을 제대로 다스릴 수 있는 정부를 세우는 일이다. 이를 규율적인 '개발국가의 설치'라 부른다. ELI가 ISI보다 우월한 이유는, ELI가 개발국가의 설치를 용이하게 하는 반면, ISI는 개발국가의 설치를 가로막았기 때문이다. 왜 ISI는 개발국가의 설치를 가로막았는가?

ISI는 유치산업의 보호를 핵심으로 삼았다. 이는 한편으로 관세 장벽이나 수입 제한 등을 통해 해당 산업을 보호하는 것과 다른 한편으로 보조금, 인센티브, 신용 등의 형태로 공적 자금을 해당 기업들에게 투입하는 것을 뜻했다. 그러나 공적 자금을 얻은 기업들은 경제발전에 필요한 투자—대개 당장의 수익은 낮고 위험은 높은 투자—보다는 사치소비재처럼 높은 수익을 빨리 올려주는 부문으로 진출하는 경향이 있었다. ISI 개발 모델의 또 다른 문제는 성장의 목표가 된 부문에서 보통 독점 혹은 과점이 초래되었다는 것이다. 두 가지 이유가 있다. 첫째, 해당 부문은 국제경쟁으로부터 보호를 받았을 뿐만 아니라, 작은 시장 규모로 인해 보통 최초의 시장 진입자가 지배적 위치를 점하기 쉬워 국내경쟁도 상당히 약화되었다. 둘째, 정책 입안자는 과잉투자와 유휴설비의 가능성 때문에 해당 부문에서 생산자들의 숫자를 의도적으로 제한했다.

이러한 잘 알려져 있는 ISI의 문제점 이외에 치버가 특히 강조하

23. Wade, *Governing the Market*, 17-18.

24. Chibber, *Locked in Place*, pp. 32-9.

는 것은 이 모델의 정치적 결과이다.[25] ISI에서 정치 엘리트와 경제기획자의 의도는 국내기업에 이윤창출 기회를 주는 동시에, 자본의 흐름을 규제하고 감시해 이 자본이 목표 부문에서 효율적으로 사용되도록 하는 것이었다. 투자 허가와 신용 계약은 기업이 일정한 의무를 이행한다는 조건 아래 이루어졌다. 하지만 기업의 입장에서는 공적 자금은 받되 그에 따른 의무와 책임은 회피하거나 최소화하려고 했다. 따라서 기업에게 있어 계획이란 국가가 기업에 보조금을 주는 것이지, 국가가 규율적인 개발체제를 세우는 프로젝트여서는 안 되는 것이었다. 따라서 ISI는 기업들로 하여금 규율적 개발국가의 설치에 체계적으로 저항하게끔 한다는 것이다.

ISI 하에서 기업들이 손쉽게 돈벌이를 할 수 있는 반면, ELI 하에서 기업들은 격심한 국제경쟁에 처하게 된다. 이는 ISI와는 전혀 다른 인센티브 구조를 낳는다. 국제시장에서 경쟁하기 위해서는 여러 가지 전제조건이 필요하다. 기업은 최소한으로 필요한 일정 규모 이상의 투자를 하기 위해 자금을 확보해야 한다. 또한 이 기업은 투자 대상이 되는 기술에 대해 처음부터 새로 경험과 훈련을 쌓아야 한다. 게다가 모든 투자는 보통 전방 혹은 후방에 있는 타 기업의 보충적 투자를 필요로 한다. 이 모든 전제조건들이 충족된다 해도 기업은 새로 진출하는 나라에서 판매망을 세워야 한다. 나아가 ELI 기업은 이미 이 모든 조건을 갖춘 선진국 기업들과 경쟁해야 한다는 사실 때문에 극복하기 힘든 난관에 부닥치게 된다.

이 모든 어려움으로 인해 ELI 하에서 기업은 국가와 전혀 다른 관계를 맺게 된다. 기업이 마주치는 다양한 난관, 곧 투자 자금의 확보,

25. 위의 책, pp. 33-5.

기술의 확보와 적용, 판로의 개척, 전후방 투자 조정은 대부분 국가의 도움이 없이는 해결될 수 없다. 이에 따라 국가는 기업에 대해 압도적 우위를 갖게 된다. 뿐만 아니라 ELI 하에서 기업은 수출 실적에 대한 국가의 요구를 자발적으로 이행할 동기를 가지고 있다. ISI 기업들이 보통 시장 지배적 지위로 인해 효율성과 생산성의 향상을 게을리 하는 데 반해, ELI 기업들은 국제경쟁에서 생존하기 위해 효율성과 생산성을 향상시키지 않을 수 없기 때문이다. 따라서 ISI와 달리 ELI 하에서 국가의 요구와 기업의 실적은 선순환 구조를 이룰 확률이 높고, 기업들도 규율적 개발국가의 설치에 동의하기 쉽다.

수출주도전략의 우월성은 1960년대 초중반 수출주도전략을 택한 한국과 대만이 전통적 수입대체전략을 고수한 남미 국가들보다 더 높은 경제성장률을 보이기 시작하면서 분명해지기 시작한 것 같았다. 따라서 한 가지 자연스러운 질문은 왜 동아시아 국가들은 1950년대까지 지배적인 개도국 개발모델이었던 수입대체전략에서 벗어난 데 반해 남미 국가들은 이 전략을 고수했는가 하는 것이다. 이 질문이 스테판 해거드의 『주변부에서 벗어나는 길』의 주제이다. 그는 신흥공업국들의 개발궤도를 수입대체궤도, 수출주도궤도, 중계무역궤도로 나누고, 브라질과 멕시코, 한국과 대만, 싱가포르와 홍콩을 각 궤도의 대표 국가로 삼았다. 이 나라들이 어떻게 각자의 궤도를 채택하게 되었는지에 대해 그는 국제적 압력, 주요 사회집단의 힘, 정치인들의 이해관계와 제도적 맥락, 경제개발에 관한 정치인들의 이념이라는 네 변수를 통해 설명하고자 한다. 그는 먼저 자신의 인과론을 다음과 같이 도식적으로 진술한다.

> 국제적 압력은 정책 개혁을 자극하는 가장 강력한 요인이다. 상이한 사

> 회집단—농민, 노동, 업계—의 힘은 실행 가능한 정책 개혁조치들의 집합을 제약할 수도 확대할 수도 있다. 그러나 사회집단들의 이해관계만으로는 어떤 정책이 시행될 것인지를 설명하기 어렵다. 이는 특히 사회집단들이 제대로 조직화되어 있지 않고, 이해관계가 불확실하며, 국가가 강할 때 그렇다. 외부의 충격이 개혁의 자극제를 제공하고, 사회세력들이 크게 보아 제약을 가하는 것은 정말이다. 그렇지만 개혁과정을 설명하기 위해 우리는 정치인들의 이해관계와 그들의 활동이 이루어지는 제도적 맥락, 그리고 경제개발과 관련해 그들이 이용할 수 있는 이념에 주의를 기울여야 한다.[26]

그는 이러한 골조에 살을 붙여 나간다. 한국은 1900-1945년에는 일차 생산물 수출단계, 1945-1964년에는 수입대체단계, 1965-1970년에는 수출주도 1단계, 1970년 이후 수출주도 2단계를 거쳤다. 해방 이후 이승만 정부 하에서 수입대체전략을 취했던 한국이 어떻게 해서 1960년대 중반에 수출주도전략으로 전환을 하게 되었는가?[27] 정책 수정을 강요한 가장 강한 요인은 국제적 압력이었다. 미국은 이승만 정부 내내 해방 이후 한국의 만성적 무역적자를 해소하도록 자족을 강조했으며, 이러한 압박은 1960년대에 들어 더욱 강화되었다. 미국에게는 원조라는 강력한 규제수단도 있었으며, 이를 무기로 한국 정부에 정책을 수정하도록 압박을 가했다. 하지만 이러한 압력은 이승만 정부에게도 가해졌고 당시에는 정책 수정을 이끌어 내지 못했기 때문에, 정책 변화를 설명하기 위해서는 국내의 제도적 정치적 변

26. Haggard, *Pathways from the Periphery*, pp. 28-29.

27. 이하의 논의는 위의 책, pp. 61-74를 요약.

화를 보아야 한다.

국내 정치를 변화시킨 결정적인 계기는 물론 박정희의 군사쿠데타였다. 군사정부는 군부의 힘에 기초한 정치적 경제적 사회적 자율성을 이용해 행정부의 권력을 강화하기 시작했다. 민정 이양 뒤에도 행정부는 막강한 권력을 휘둘렀고, 입법부는 집권 공화당의 지배 아래에서 약체화되어 행정부를 견제할 수 없었다. 중앙정보부가 세워져 사회 전체를 감시했다. 행정부는 고리채의 탕감 등을 비롯한 포퓰리즘 정책으로 농민을 포섭하는 한편 1962년 농업협동조합법을 통해 농민에 대한 지배력을 강화했다. 노동자의 임금은 억제되었고, 한국노총은 산업에 부응하도록 재구조화되었으며, 노사쟁의과정은 철저히 정부에 통제되었다.

경제적 의사결정의 중앙집권화 역시 국가의 능력을 강화시키는 또 다른 요인이었다. 이 중앙집권화는 두 가지 혁신을 통해 이루어졌다. 첫째, 청와대에 정무를 담당하는 두 개의 비서실과 경제를 담당하는 두 개의 비서실을 두었다. 둘째, 1961년 경제기획원이 설립되었다. 경제기획원은 부흥부로부터 계획기능을 가져오고 재무부로부터 예산기능을 가져왔으며, 해외차관과 직접투자에 대한 통제권도 확보했다. 또한 통계국도 흡수해 정보수집능력도 확대시킬 수 있었다. 경제기획원은 이러한 기능들을 모두 거머쥠으로써 경제적 의사결정에서 엄청난 권력을 휘두르게 되었다.

군사정부는 또한 사부문을 통제하고 지원하기 위한 새로운 정책수단을 창출했다. 쿠데타 직후, 부정축재를 이유로 상업은행들의 민간보유 주식을 몰수하고, 국영 중소기업은행과 농업협동조합을 만들었다. 한국은행을 재무부의 통제 아래 두고, 특정 부문을 지정해 상업은행으로부터 특혜금리로 대출을 받을 수 있게 했다. 수출업자들에게도 금융 지원을 확대했고, 지시를 따르는 기업들에게는 단기 수출 대부를 무제한으로 허락했다. 혁신적인 신용장제도를 만들어 수출업자들에게는 물론 그들의 공급업자들에게도 금융을 확대해주었다.

이렇게 행정부 권력이 강화되고 경제적 의사결정이 중앙집권화되면서, 수출주도전략으로의 전환을 위한 인프라는 갖춰졌다. 하지만 이 전환이 바로 일어난 것은 아니었다. 군사정부는 이승만 정부 하에서 미국의 요구로 시행된 연례안정화계획을 부당한 제약으로 간주하면서, 오히려 공공사업과 투자를 확대하고 공무원들의 급여를 인상하며 농민들에게 안정적 고미가를 보장했다. 그 결과 인플레이션이 일어났다. 케네디 행정부는 쿠데타가 일어나기 전부터 이미 한국 정책에 대한 재평가 속에서 원조를 이용해 한국의 정책 개혁을 유도해야 한다고 생각하고 있었는데, 군사정부가 이렇게 예산과 재정을 방만하게 운영하자, 1963년 분 PL 480 원조를 삭감하는 등의 압박을 가하며 군사정부에게 긴축을 강요했다. 1962년에서 1964년 초까지 간헐적으로 미국과 한국 사이에 첨예한 긴장이 일어났지만, 박정희 정부는 결국 미국의 정책 수정 요구를 받아들이게 되었다. 아울러 포퓰리즘 정책을 버리고 경제적 보수주의를 강화하면서 기술관료들의 조언에 더 귀 기울였다. 인플레이션, 무역수지문제, 강제적 안정화 조치를 겪으면서 박정희 체제는 기존의 대내지향적 성장 전략을 재고하지 않을 수 없게 되었다. 미국의 원조에 의존하는 경제가 얼마나 취약한 것인지 분명해지면서, 외환의 새로운 원천을 창출함으로써 경제적 독립성을 향상시킬 정책이 필요했다.

대외지향적 전략을 향한 마지막 움직임은 1964년 1월 박정희가 대통령직에 오른 후 2년간에 걸쳐 일어났다. 이 움직임은 두 가지 궤도를 따라 이루어졌다. 첫째, 거시적 수준에서 환율이나 세금 등의 인센티브체계가 개혁되었는데, 이는 한미경제협력위원회를 중심으로 경제기획원 및 상공부 관료들과 미국 경제학자들에 의해 수행되었다. 1964년 5월에 환율이 평가절하되었고, 1965년 3월에는 단일변동환율제가 시행되었다. 이 환율조치들은 국제통화기금이 한국에 최초의 차관을 제공하면서 내건 조건들의 일부였다.[28] 한국정부는 IMF로부터 930만 달러의 신용을 얻는 대가로 긴축적 화폐정책, 증세, 불필요품목에 대한 수입관세의 인상, 국제차관의 제한, 수입 확대 등의 개혁을 더욱 밀고나가야 했다.

둘째, 제도 개혁과 미시적 개입의 수준에서는 먼저 1965년 3월 합동수출개발위원회가 설립되었다. 미국의 AID 관료, 그리고 한국의 관련 부처와 사기업의 대표자들로 구성된 이 위원회는 정책 조정 역할을 담당하며 관련 기관에 적절한 권고를 했다. 다음으로 수출협회들의 촘촘한 네트워크가 형성되어 마케팅과 품질관리분야에서 서비스를 제공하고, 상공부 및 새로 설립된 코트라와 긴밀한 관계를 유지했다. 산업협회들은 부문별 수출목표의 수립을 지원했다.

이러한 정책 전환은 필연적으로 자원의 재분배를 초래해 새로운 승자와 패자를 낳았기에 수출주도전략으로의 이행을 위한 박정희 정부의 마지막 과제는 패자를 무마하거나 억압하고 새로운 승자와 동맹을 맺는 것이었다. 패자에는 새로운 수출정책으로 피해를 입은 설탕과 제분 같은 특권적 무역업자와 수입대체산업들, 비싼 비료가격

28. 1970년대에 박정희 대통령의 비서실장을 지낸 김정렴의 회고에 따르면, 수출주도전략으로의 전환 시기에 경제팀을 이끈 장기영 경제기획원 장관, 박충훈 상공부 장관, 김정렴 상공부 차관은 모두 시장자유화와 수출입국을 주장하고 있었고, 이 새로운 경제팀이 수출 진작을 위한 제반 정책을 본격적으로 펼쳐 나가기 시작한 것으로 묘사하고 있다. 김정렴, 『최빈국에서 선진국 문턱까지』(서울: 랜덤하우스중앙, 2006), pp. 147-155.

을 지불해야 한 농민, 실질이자율로 인해 심각한 활동 제약을 받은 지하금융권 등이 속했다. 한편 쿠데타 직후 부정축재자로 재판을 받은 다수의 기업가들은 곧 풀려 나왔고 그 중 선택된 자들은 정부와 수출 동맹을 맺었다. 한일국교정상화는 마지막 관문이었다. 한일국교정상화는 일본의 시장을 열어 1950년대 수입대체전략 하에서의 시장포화 문제를 해결해줄 수 있었기 때문에 수출주도전략의 중요한 요소였지만, 식민지의 기억이 여전히 선연한 시점에서 심각한 정치적 저항을 불러일으키지 않을 수 없었다. 이를 극복하기까지 수많은 집회시위와 한 차례의 짧은 계엄령을 포함해 큰 정치적 소요와 혼란을 겪어야 했다. 수출주도전략은 한일국교정상화에 따른 혼란을 극복한 후 1966년에 이르러 마침내 뚜렷이 확립되었다.

이것이 한국의 수출주도전략으로의 전환에 대해 해거드가 그리는 큰 그림이다.[29] 수출주도 산업화 전략이 수입대체 산업화 전략보다

29. 비벡 치버는 Yeonmi Ahn, *The Political Economy of Foreign Aid: The Nature of American Aid and Its Impact on the State-Business Relationship in South Korea, 1945-1972* (Ph. D. Dissertation: Yale University, 1992)에 기초해 미국원조정책의 변화가 개도국의 정책 변화에 큰 영향을 미쳤다고 주장한다. 1950년대 전 기간 동안, 자본재의 구입을 위해 미국으로부터 공여를 받은 나라들은 이 공여를 이용해 생산된 생산품의 수출을 금지 당했다. 1950년대의 해외원조는 상업차관이 아니라 주로 공여의 형태를 취했기 때문에, 이러한 미국의 제한은 미국의 원조를 받는 모든 국가들에게 적용되었다. 이는 ELI에 대한 강력한 억제기제로 작용했다. 개도국들은 대부분 자본재산업을 결여하고 있었고, 중진국들은 미국의 기계, 부품, 원료에 크게 의존해 제조업을 발전시키고 있었으므로, 미국의 원조를 받는 한 수출 증가는 불가능했기 때문이다. 따라서 1950년대에는 한국을 비롯해 대부분의 개도국들이 대부분 수입대체전략을 택하고 있었다. 하지만 1961년 해외원조법안이 통과되면서 경제원조는 공여가 아니라 차관으로 제공되었고, 이로 인해 수원국들은 미국의 원조를 수출에 이용할 수 있었을 뿐만 아니라, 차관의 상환을 위해서라도 수출을 늘려 달러를 벌어야 했다. 이즈음부터 미국의 경제자문단도 개도국에 수출을 적극적으로 강조하기 시작했다는 것이다. Chibber, *Locked in Place*, p. 40.

더 우월하다는 주장에 대해 반론이 없는 것은 아니다. 로버트 웨이드는 위에서 소개한 세계은행의 보고서를 비판하며, 대외지향 사례들의 평균이 대내지향 사례들의 평균보다 현저히 더 나은 것은 사실이지만, 강한 대외지향성을 보여준 나라는 한국, 홍콩, 싱가포르밖에 없다고 주장한다. 또한 한국의 경제 규모가 홍콩과 싱가포르의 경제 규모를 압도하는 상황에서 가중 평균을 사용하기 때문에, 강한 대외지향 범주에 관한 세계은행의 결론은 한국이라는 단 한 나라에서 도출된 결론이라는 것이다. 웨이드는 "둘 미만의 샘플에서 이렇게 단언적인 결론을 내도 좋은 사람들은 인류학자들밖에 없다"는 조금 냉소적인 농담으로 보고서에 대한 비판을 마무리한다.[30]

웨이드는 해거드의 주장에 대해서도 세밀한 비판을 가하며 한국과 대만의 경제적 성공에 대해 그 자신의 설명을 제시한다.[31] 첫째, 1960년대 초중반에 일어난 세계무역 환경의 변화이다. 수송비용과 핵심 시장(북미와 북서유럽)의 무역장벽이 내려갔다. 또한 미국 시장에서 경쟁이 심화되었으며, 이는 특히 일본 제조업계의 진출로 인한 것이었다. 아울러 핵심 노동력 내에서 고숙련이 축적되면서 미숙련 노동이 희소해지고 비싸졌다. 이로 인해 미숙련 노동력이 풍부한 저소득 국가의 비교우위가 높아졌다. 이 세 가지 요인이 합쳐지며, 미국의 구매업자들은 제3세계의 저비용 공급업자들을 찾아 나서게 되었다. 라틴 아메리카 국가들이 미국 구매업자들의 선택을 받을 수도 있었다. 하지만 풍부한 자연자원을 수출해 수입에 필요한 재원을 마련할 수 있었기 때문에, 제조품을 수출할 필요가 없었다. 따라서 제조업

30. Wade, *Governing the Market*, p. 18.

31. Robert Wade, "East Asia's Economic Success" : Conflicting Perspectives, Partial Insights, Shaky Evidence," *World Politics* 44, 2 (1992) : 270-320, pp. 310-5

수출품은 줄곧 소규모에 머물렀으며, 소규모 수출 제품 내에서도 고숙련 생산품으로의 편이가 있었다. 이는 라틴 아메리카 국가들의 경우 고숙련 노동력의 비중이 기본 숙련 노동력에 비해 높고, 기본 숙련 노동력의 비중이 미숙련 노동력에 비해 낮은 특징 때문이었다. 이어서 이러한 교육적 특징은 자연자원을 소유한 정치 엘리트들이 정부를 제어하면서, 그들의 자제에게는 3차 교육을 값싸게 제공한 반면, 기본 숙련 노동력을 양성할 수 있는 2차 교육은 확대하지 않았기 때문이다. 이 모든 이유로 인해, 기본 숙련 노동력이 제공하는 제조품을 찾던 미국 구매업자들에게 라틴 아메리카 국가들은 좋은 파트너가 될 수 없었다. 대신 풍부한 기본 숙련 노동력을 자랑하던 한국과 대만이 선택되었다.

둘째, 한국과 대만은 냉전 하에서 사회주의 국가와 접경해 있다는 지정학적 축복도 받았다. 미국은 두 나라에 대대적인 원조를 제공했을 뿐만 아니라, 그들이 세계 최대의 시장에 쉽게 접근할 수 있도록 해주었고, 그들의 수입 장벽에 대해서도 관대했다. 커밍스에 따르면, 미국이 1945년 이래 한국과 대만에 제공한 군사적 경제적 원조는 각각 130억 달러(일인당 600달러)와 56억 달러(일인당 425달러)였다. 1946년에서 1978년까지 미국이 한국에 제공한 공여와 차관은 거의 60억 달러에 이른 반면, 아프리카 전체는 68억 9,000만 달러, 라틴 아메리카 전체는 148억 달러였다.[32] 그러나 웨이드는 한국과 대만이 경제개발을 지속해 나감에 따라 이러한 지정학적 위치보다 일본과의 근접성, 문화적 유사성, 역사적 친숙함이 더 중요해졌다고 주장한다.

32. Bruce Cumings, "The Origins and Development of the Northeast Asian Political Economy : Industrial Sectors, Product Cycles, and Political Consequences," *International Organization* 38, 1 (1984) : 1-40, p. 24.

일본은 두 나라의 주요 무역 파트너였을 뿐만 아니라 두 나라가 모방해야 할 모델도 되어 주었다.

셋째, 이와 같은 유리한 외적 환경도 규율 있고 유능한 한국과 대만의 국가 장치가 없었다면 아무 소용이 없었을 것이다. 웨이드는 이것이 가능했던 이유로 시장과 사유재산의 규율, 전문기술적 교육을 받은 인력의 규율, 문화적 통일성을 든다. 특히 높은 교육수준을 자랑하는 유능하고 사회적 책임의식으로 무장한 관료집단은 다른 어떤 개도국에서도 찾아볼 수 없는 핵심 자산이었다. 그들은 국가 전체의 발전에 필수적이라고 생각되는 산업들을 선택해 특별히 진흥시켰으며, 이 승자들을 고르는 데 실수를 저지르지도 않았다. 전문적 교육을 받은 숙련 노동력의 비율이 증가하면서, "현재의 비교우위를 고려할 때 처음에는 너무 선진적이었던 프로젝트들이 곧 너무 선진적이기를 멈추었기" 때문이다.[33]

웨이드는 한국과 대만을 제외하곤 다른 어떤 개도국에서도 이 다양한 이점들이 결합될 수 없었다고 주장한다. 따라서 한국과 대만의 경제적 성공은 수출주도전략의 우월성 때문이라기보다는 다양한 이점들의 우연적 결합 때문이며, 따라서 한국과 대만의 성공 모델은 다른 개도국에 수출될 수 없다고 본다. 비벡 치버도 한국과 대만 모델의 이식 불가능성에 동의하고 있다. 나아가 그는 웨이드가 언급하지 않은 다른 결정적인 행운 한 가지도 지적한다. 위에서 언급되었듯이, 수출주도산업으로의 전환에서 한 가지 결정적인 전제조건은 판로와 유통망의 개척이었다. 치버에 따르면, 1960년대에 일본 기업들이 산업을 고도화하면서 기존 산업과 관련해 그들의 미국 시장을 한국 기

33. Wade, "East Asia's Economic Success," p. 270.

업들에게 넘겨주는 동시에 유통망까지 넘겨준 것이 수출주도전략의 성공에 결정적이었다는 것이다.[34]

한국의 경제성장에서 일본이 결정적인 역할을 했다는 치버의 주장은 일정 정도 브루스 커밍스의 생산물 주기 이론을 연상시킨다. 커밍스는 「동북아시아 정치경제의 기원과 발전: 산업부문, 생산물 주기, 그리고 정치적 결과」라는 논문에서 종속이론의 중심부-반주변부-주변부이론과 생산물 주기이론을 결합해 한국과 대만의 급속한 경제발전을 설명하고자 했다.[35] 일본, 한국, 대만의 경제는 한 묶음이며, 중심부 일본의 주력 생산물이 일정한 주기로 주변국 한국 및 대만으로 이동하면서 한국과 대만이 경제성장을 이룰 수 있었다는 것이다. 1960-80년대의 경제성장을 설명하는 것이 주된 목적인 이 생산물 주기 이론을 커밍스는 20세기 초까지 확대해 적용하는데, 그가 21세기까지 자신의 이론을 확대시킬 수 있을지는 회의적이다. 사실 커밍스는 한국의 수출주도전략으로의 전환에 대해서도 미국의 작품임을 일방적으로 강조하는데, 마르크스주의 저작에서 종종 볼 수 있는 음모론적 일방주의적 편향이 짙다. 그는 이러한 일방주의적 설명이 한계에 부딪치면, "헤게모니적인 외적 한계가 침범되지 않는 한, [국가의] 상대적 자율성은 일본이나 미국보다는 한국과 대만이 언제나 더 컸다"는 식으로 우회한다.[36] 문제는 '헤게모니적인 외적 한계'가 어디까지인가 하는 것이다. 미국이 한국에 압도적 영향력을 행사

34. Chibber, *Locked in Place*, pp. 41-42.

35. Bruce Cumings, "The Origins and Development of the Northeast Asian Political Economy: Industrial Sectors, Product Cycles, and Political Consequences," *International Organization* 38, 1 (1984):1-40.

36. 위의 논문, p. 32.

했다는 것은 의문의 여지가 없지만, 박정희는 쿠데타를 일으켜 케네디 행정부를 경악에 빠뜨렸고, 미국이 반대하는 중화학공업화를 '지나치게 일찍' 추진했으며, 세계 철강업계 모두의 반대 속에 포항제철의 설립을 밀어붙였다. 하염없이 늘어나는 외적 한계는 분석적으로 무용한 것이며, 자신의 음모론적 이론을 고수하기 위한 서툰 장치밖에 되지 않는다.

아무튼 수출주도전략의 '내재적' 우월성을 부정하는 웨이드의 주장이 옳다고 해도, 한국이 1965년 전후 수출주도전략을 채택한 것이 한국의 경제개발사에서 결정적 순간이었던 것은 부정할 수 없다. 웨이드의 설명에서도, 수출주도전략은 외적 환경의 변화에 가장 잘 대응한 최선의 전략이었다. 미국의 결정이었건 일본의 도움이 있었건, 어쨌든 한국은 수출주도전략을 채택함으로써 규율적인 개발국가의 설치에 성공했으며, 이후 30년간 눈부신 경제성장사를 써나갔다.

위에서 소개한 몇몇 학자들의 정치경제학적 연구만으로도 한국 경제성장의 퍼즐을 대강 다 맞춘 것으로 보인다. 나는 이제 한국의 경제발전에 대한 문화적 접근을 통해 이 퍼즐의 마지막 몇 조각을 맞춰보고자 한다.

문화의 자리

로버트 웨이드는 위에서 소개한 「동아시아의 경제적 성공」의 글머리에 박성상 제16대 한국은행 총재의 말을 인용하고 있다. "'비교우위' 조언에 귀 기울이지 마십시오. 우리가 뭔가 하려 할 때마다, 비교우위 옹호론자들은 '우리에겐 비교우위가 없다'고 말했습니다. 사실, 우리는 우리가 원하는 건 다했지만, 무엇을 하건 우리는 잘했습니다."[37] 박성상 총재의 이 몇 마디 말에 경제발전과정에서 한국인이 쏟아 부은 열정과 의지, 지혜와 능력이 다 들어 있는 것 같다. 이 자신감이 한국 경제발전이라는 퍼즐의 마지막 몇 조각 중 하나가 아닌가 한다. 한국의 경제발전에서 문화의 자리는 어디인가?

<표 1> 1962-1979년 한국의 저축액, 저축률, 이자율

연도	저축		저축률(%)	이자율		
	합계 (10억원)	증가율(%)		변동 일자	정기예금	정기적금
1962	39.1	58.1	12.8	1962-02-01	15.0	10.0
1963	39.0	-0.3	18.1			
1964	43.1	10.5	14.0			
1965	78.5	82.1	15.0	1965-09-30	30.0	30.0
1966	120.9	54.0	21.6			
1967	205.9	70.3	21.9	1968-04-01	27.6	28.0
1968	379.1	81.2	25.9	1968-10-01	25.2	25.0
1969	619.2	66.0	28.8	1969-06-01	22.8	23.0
1970	789.7	27.5	26.8	1971-06-28	21.3	21.0
1971	977.6	23.8	25.2	1972-01-17	17.4	17.0
1972	1,323.9	35.4	21.7	1972-08-03	12.6	12.0
1973	1,760.5	33.0	25.6			
1974	2,128.7	20.9	31.0	1974-01-24	15.0	13.2
1975	2,812.3	32.1	29.4			
1976	3,760.4	33.7	25.5	1976-08-02	16.2	14.2
1977	5,455.9	45.1	27.3	1977-10-04	14.4	14.2
1978	7,765.1	42.3	31.1	1978-06-13	18.6	15.2
1979	9,782.7	26.0	35.4	1979-04-20	18.6	18.2

출처 : Economic Planning Board, Major statistics of Korean economy 1976, 1982 Seoul: Economic Planning Board, 1976, 1982에서 구성

37. Wade, "East Asia's Economic Success," p. 315.

<표 1>은 1962년에서 1979년까지 한국의 저축액, 저축률, 이자율의 변동 추이를 보여준다. 이 표에서 두드러지는 점은 경제학적 예측과 달리 저축률의 추이와 이자율의 추이가 맞물리지 않고 있다는 점이다. 저축률이 1965년 9월 30일 이자율의 급상승에 눈에 띄게 반응한 후에는, 대체로 이자율의 변동과 무관하게 지속적으로 높은 수준을 보여준다. 이자율이 크게 낮춰진 뒤에도 저축률이 크게 높아지는 경우도 있으며, 1970년대 말에는 1960년대 말의 높은 저축률을 뛰어넘기도 한다. 1970년대 말 2차 석유파동이 일어나 한국 경제가 큰 위기를 맞았던 점을 상기하면, 이러한 높은 저축률은 경제학적 논리로만 설명하기 힘들다. 여기에는 다양한 요인이 있겠지만, 1970년대 내내 새마을운동이 활발하게 전개되는 가운데 다양한 저축 캠페인이 전개되었던 점도 빼놓을 수 없을 것이다. 농민들의 저축에만 초점을 맞춘다면 새마을운동의 영향은 부정하기 힘들다. "(가처분소득-가구지출)×100/가처분소득"을 계산해 농민들의 저축 지수를 구하면, 새마을운동 전인 1968년, 1969년, 1970년의 지수는 각각 17.5, 18.6, 16.6이었다. 새마을운동 이후 이 지수는 1976년 33.5, 1977년 29.6, 1978년 27.7이었다.[38]

한국의 경제발전에 대한 설명에 있어 문화의 자리는 이처럼 경제학적 혹은 정치경제학적 설명이 다 채우지 못하는 공백 속에 있다. 문화의 자리는 이렇게 명백히 존재하지만, 개발사회학에서 문화적 설명은 크게 인기가 없었다. 문화적 설명이 인기가 없는 이유는 대체로 문화적 설명이 엄밀한 사회과학적 인과론을 세우는 데 실패해, 결국은 다소 무책임한 논의로 귀결되는 경우가 많기 때문이다. 예컨

38. 내무부, 『새마을운동 10년사』(서울: 내무부, 1980), p. 414.

대 동아시아의 경제발전에 대한 문화적 접근은 보통 후기유교 명제 post-Confucian Thesis라는 형태를 취하는데, 동아시아인들에게서 나타나는 높은 성취의식과 교육열, 근면과 검소, 헌신과 충성 같은 덕목들이 유교에서 비롯되었다는 것이다.[39] 하지만 이러한 주장을 하는 학자들은 일본에서 근대교육이 시작되었을 때 농민들이 농사 때문에 아이들을 학교에 보내려 하지 않았다는 사실과 한국에서 장남 하나를 공부시키기 위해 다른 모든 자식들, 특히 자매들이 학업을 전폐해야 했다는 사실을 지적하지는 않는다. 또한 한국의 새마을지도자들이 그들의 수기에서 이웃들의 나태함에 대해 온갖 한탄과 탄식을 다 토해낸다는 사실도 지적하지 않는다. 사실 대부분의 종교는 근면과 검소, 헌신과 충성 같은 덕목을 권면한다. 특정 종교의 일반적인 교리적 특성을 경제개발의 정신적 요건과 대충 적당히 연결시키는 것은 책임있는 사회과학이 아니다(막스 베버가 프로테스탄트 윤리를 자본주의 발전과 연결시키기 위해 얼마나 정교하고 복잡한 논의를 하는지 상기해 보라). 따라서 후기유교 명제가 학계보다는 저널리즘에서 더 관심을 끌었던 것은 놀라운 일이 아니다.

다른 한편 개발연대를 직접 산 사람들은 경제발전의 원천을 이야기할 때 위와 같은 정치경제학적 설명보다는 어떤 정신적 요소를 강조하는 경향이 있다. 한국의 경우에도 개발의 주역이었던 세대는 "하면 된다"를 자주 입에 올리곤 한다. 이것은 아마 자신의 직접적 체험을 중시하는 인간의 마음의 습관에서 비롯된 것인지도 모른다. 경제발전은 흔히 GDP의 증가로 측정된다. 예컨대 올해 한국경제가 10%

39. 후기 유교명제와 그 비판에 대해서는 Keedon Kwon, "Economic development in East Asia and a critique of the post-Confucian thesis," *Theory and Society* 36, 2007: 55-83을 보라.

성장했다는 이야기를 들을 때, 국가적 차원에서 얼마만큼의 요소가 투입되어 얼마만큼의 부가가치가 어떻게 생성되었다는 식으로 생각하는 사람은 거의 없을 것이다. 대신 내가 얼마나 입을 것 안 입고 먹을 것 안 먹고 살았는지를 떠올릴 것이다. 사실 경제발전이란 약탈자와 무임승차자가 거의 없이 국민 대다수가 근면하고 정직한 노동을 해서 얻는 국가적 결실이다. 1960년대 이후 우리나라 국민들은 자신의 정직한 노동이 대가를 가져오는 것을 목격하기 시작했으며, 1970년대에는 새마을운동과 같은 근대화 캠페인을 통해 나라의 대변화에 직접 연루되었다. 경제적 합리성은 도덕적 의지와 결합될 때 발전의 속도를 훨씬 더 높일 수 있다. 박정희 대통령이 1960년대 말 "도덕은 제2의 경제"라고 했을 때 말하고 싶었던 것도 이것이었을 것이다. 아래에서 나는 개발연대 사람들의 목소리를 찾아줄 수 있는 문화적 접근을 구상하면서, 한국의 경제발전에서 문화가 어떤 자리를 차지하는지를 최대한 무책임하지 않은 방식으로 밝혀 보고자 한다.

근대 문화의 힘

전근대적 삶과 근대적 삶을 구분하는 결정적인 차이의 하나는, 삶의 행로가 전근대에서는 대체로 결정되어 있는 반면, 근대에서는 대체로 활짝 열려 있다는 것이다. 전근대에서는 사람들이 태어나면 일정한 사회적 역할의 체계 속으로 편입되며, 사회적 역할에 따라 사회적 행위의 경로도 대체로 결정된다. "임금은 임금다워야 하고 신하는 신하다워야 하며, 아비는 아비다워야 하고, 자식은 자식다워야 한다"는 공자의 말도 전근대 사회의 이러한 결정됨을 표현하고 있다. 사회적 역할은 또한 신분적으로나 가치론적으로 위계를 이루고 있어, 가장 고귀한 삶부터 가장 비천한 삶이 모두 결정되어 있다. 따라서 한 사람이 가장 고귀한 삶을 살려면 성직자가 되거나 관리가 되어야 한다. 근대에서는 이러한 삶의 위계가 무너진다. 위계를 정당화하던 이데올로기는 사회적 토대를 잃는다. 전근대를 지배하던 실질적 이성이 절차적 이성에 자리를 물려줌에 따라, 고귀한 삶도 실질적 관점에서가 아니라 절차적 관점에서 정의된다. 즉 근대적 삶에서 중요한 것은 "어떤 삶을 사느냐"가 아니라 "어떻게 삶을 사느냐"이다. 고귀해지기 위해 성직자나 관리의 삶을 살 필요가 없다. 고귀해지려면 예컨대 정직하게 살아야 한다. 이로 인해 근대사회는 전근대사회에 비해 문화적으로 개방적이고 다원적으로 된다. 따라서 전근대 문화가 인간 행위자를 어떤 협소하고 고정된 행동 범위 안으로 제약하는 반면, 근대 문화는 행위자에게 다양한 삶의 상황에 적용될 수 있는 다양한 문화적 옵션을 제공한다.

이러한 근대 문화가, 행위자들에게 더 다양한 문화적 수단을 제공하고 재능과 자원의 자유로운 흐름을 허용함으로써, 전근대 문화보다 경제발전에 더 유리하리라는 것은 의문의 여지가 없다. 사실 자본주의 발전에서 프로테스탄티즘이 수행한 역할도 베버의 주장대로 그것이 어떻게 자본주의 정신을 낳았는가 하는 측면에서 이해할 것이 아니라, 그것이 어떻게 근대 문화의 도래를 촉진했는가 하는 측면에서 이해하는 것이 낫다. 바꾸어 말해 자본주의의 발전에서 프로테스탄티즘이 중요했던 이유는, 그것이 신자들로 하여금 구원을 위해 노동에만 성실하게 매진하도록 했기 때문이라기보다는, 개방적이고 다원적인 문화의 도래에 중요한 기여를 했기 때문이라는 것이다. 사회학의 탄생 이래 최대의 논쟁을 불러일으켜 온 베버의 프로테스탄트 윤리 명제를 경험적 이론적으로 재검토한 학자들 일부가 도달한 결론이 바로 이것이다.

아이젠슈타트의 주장에 따르면, 근대세계의 형성에서 프로테스탄티즘의 역할은 베버가 제안하는 것보다 더 장기적이고 더 간접적인 방식으로 이해되어야 한다. 그는 다양한 경험적 연구에 기초해, 프로테스탄티즘과 자본주의 사이에 직접적 인과관계가 있다는 주장을 거부하고, 대신 프로테스탄티즘의 내적 변화 능력과 이 변화 능력이 근대세계의 변화에 미친 영향력에 주의를 기울여야 한다고 주장한다. 이 때 변화 능력이란 원래의 교리에는 존재하지 않던 새로운 동기, 활동, 제도의 발전을 이념적 종교적으로 정당화할 수 있는 힘을 뜻한다. 프로테스탄티즘이 지닌 이러한 변화 능력으로는 "현세성과 초월주의의 강력한 조합", "개인적 행동주의와 개인적 책임에 대한 강한 강조", "신성함과 신성한 전통에 대한 개인의 직접적 관계"가 있다.[40] 프로테스탄티즘은 등장 초기에는 전체주의적인 사회종교적 목표를 급진적으로 추구했으나, 이러한 시도는 모두 실패로 돌아갔고, 그 후 특유의 변화 능력이 펼쳐졌을 때에야 서구에서 보다 역동적이고 유연한 사회체계와 정치적 경제적 제도의 발전을 촉진할 수 있었다는 것이다.[41]

아이젠슈타트의 주장은 사실 뤼티의 연구에 많이 기대고 있다. 뤼티는 유럽에서의 자본주의 발전이 나라마다 차이가 나는 것을 연구

40. S. N. Eisenstadt, "The Protestant Ethic Thesis in an Analytical and Comparative Framework," pp. 3-45 in Eisenstadt (ed.), *The Protestant Ethic and Modernization: A Comparative View* (New York and London: Basic Books, 1968), pp. 7-11.

41. 위의 책, p. 12; Eisenstadt, "Max Weber on Western Christianity and the Weberian Approach to Civilizational Dynamics," *Canadian Journal of Sociology* 14(2), 1989: 203-23, p. 215.

할 때 프로테스탄티즘에 주의를 기울이는 것 못지않게 반종교개혁에도 주의를 기울여야 한다고 주장한다. 왜냐하면 종교개혁 시기에 자본주의의 모든 기반은 이탈리아, 스페인, 포르투갈 같은 가톨릭 국가들에만 존재했기 때문이라는 것이다. 한 세기 뒤에 모든 것이 역전되었다. "종교개혁 전야에 전 유럽대륙에 걸쳐 광범위하고 활발하게 존재하던 지적 흥분이 이 기간에 유럽의 절반 지역에서 소멸 파괴되었다."[42] 이후 가톨릭 국가들의 부는 프로테스탄트 국가들로 이동했고 이 국가들에서 더욱 배가되었다. 뤼티는 더 주장하기를, 프로테스탄트의 번영이 가능했던 이유는 역설적이게도 그들이 정치권력을 획득해 이 지상에서 하느님의 왕국을 직접 세운다는 정치적 이상을 성취하는 데 실패했기 때문이라고 한다. 이러한 실패 덕분에, 프로테스탄트는 사람들을 질식시키고 무기력하게 하는 정치에서 자유로워졌고, 그들의 신학에 내포된 자유롭고 민주적인 문화를 그들만의 디아스포라에서 더 넓은 사회로 확장시킬 수 있었다.[43]

골드스톤 역시 베버를 근본적으로 비판하면서, 경제 성장이 착실하게 가속적으로 이루어지는 데 있어 기업가적 공학적 문화entrepreneurial and engineering culture가 필요하다는 것을 강조한다. 그는 서구의 부상이 오랜 기간에 걸쳐 서구에서 형성된 어떤 '내재적 우위' 때문이었다는 상식적 견해를 거부한다. 중국에 관한 최근의 연구에 따르면, 유럽과 아시아의 경제 사이에 격차가 일어나기 시작한 것은 유럽 문명에 내재한 어떤 장기적 우위 때문이 아니라 아시아와 유럽의 일

42. Herbert Lüthy, "Once Again : Calvinism and Capitalism," pp. 87-108 in Eisenstadt (ed.), *The Protestant Ethic and Modernization : A Comparative View* (New York and London : Basic Books, 1968), p. 96.

43. 위의 책, pp. 102-4.

부 국가들에서 일어난 비교적 최근의 변화 때문이었다.[44] 그는 17세기에 유럽, 오토만 제국, 명/청에서 일어나 거대한 정치적 변혁을 초래한 국가 붕괴에 초점을 맞춘다. 이 정치적 변혁의 성격이 각 문명의 향후 발전을 결정적으로 규정했다. 오토만 제국과 중국에서 이 정치적 변혁은 보수주의적 문화 체계를 확립시켰고, 이는 유럽의 대부분의 국가들에서도 마찬가지였다. 유일한 예외는 영국이었다. 영국에서는 다양한 정치적 사회적 생태학적 조류들이 우연히 결합되면서 근대 자본주의를 향한 주요한 혁신이 이루어졌다. 이 조류들은 다음과 같다. 첫째, 17세기의 정치적 변혁 이래 강력하고 안정적인 정치 구조의 기초로서 문화적 획일성과 종교적 정통성을 세우려는 것이 세계적 추세였으나, 영국은 이 추세에서 벗어났다. 둘째, 뉴턴주의적 문화가 등장했고, 또한 국교에 반대했지만 국가의 보호를 받는 종교집단들이 출현해 기계론적 세계관을 이용하여 새로운 경제적 자산을 창조하는 과제를 떠맡았다. 셋째, 석탄이 풍부하게 매장되어 있는 깊은 광산에서 물을 퍼 올리는 기술적 문제가 제기되었고, 이에 따라 이 자원을 이용해 에너지 보존에 있어 거대한 혁신을 창조하는 것이 가능해지게 되었다.[45] 그리하여 영국에서만 장기적이고 착실한 가속적 경제성장의 핵심인 기업가적 공학적 문화가 창조되었다. 관례적인 베버주의적 설명에 비판적인 골드스톤은 서구에서 기업가적 공학적 문화가 확립되어 가는 인과 사슬에서 프로테스탄티즘에 거의 아무런 역할도 주지 않으려 한다. 하지만 그가 다음과 같이 말할 때 프로테스탄티즘은 그의 인과 사슬에 슬며시 끼어들고 만다. "17세기의

44. Jack Goldstone, "The Rise of the West—or Not? A Revision to Socio-Economic History," *Sociological Theory* 18(2), 2000 : 175-94, p. 180.
45. 위의 책, p. 187.

격변에서 똑같이 혼란, 이단, 다원주의를 겪은 다른 문명들은 안정성, 통일성, 고전적 원칙에 입각한 정통성을 추구함으로써 이에 대응했다. 오직 프로테스탄트 유럽에서만 고전적 사고 전체가 의문에 처해졌다."[46]

위의 세 학자들은 각자 상이한 관점에서 베버의 주장을 검토하지만, 경제발전에서 개방적 문화의 중요성을 공통적으로 지적한다. 19세기 말 중국과 일본의 대조적 운명은 아주 적절한 예이다. 중국은 국운이 급속히 기우는 상황에서도 19세기 말까지 중체서용 같은 슬로건을 내세우며 서구의 문화를 진심으로 배우려 한 적이 없었으며, 양무운동을 통해 기껏해야 배우는 척만 했을 뿐이다. 변법자강운동을 통해 서구 문화의 우수성을 인정하고 중국 문화의 혁신을 꾀한 캉유웨이康有爲, 량치차오梁啓超, 탄스퉁譚嗣同 같은 선각자들은 개혁에 실패하고 망명을 하거나 형장의 이슬로 사라져야 했다. 반면 일본의 경우 메이지 유신 세력은 존왕양이라는 과거지향적 슬로건을 내걸고 쿠데타를 일으켰지만 곧 서구의 문물을 적극적으로 받아들였다.

문화는 창조될 수 있다

막스 베버는 『프로테스탄트 윤리와 자본주의 정신』에서 프로테스탄트의 금욕주의가 자본주의 발전의 한 중요한 기원이라고 주장했다.[47] 계속해서 그는 『중국의 종교』와 『인도의 종교』를 비롯한 그의

46. 위의 책, p. 184.

47. Max Weber, *The Protestant Ethic and the Spirit of Capitalism* (London and New York: Routledge, 1992).

종교사회학 저술에서 유교, 도교, 불교, 힌두교 등을 살펴보며, 찬란한 문명을 자랑하던 중국과 인도 등지에서는 왜 자본주의가 발전하지 않았는지를 이해하고자 했다. 베버의 이러한 방법론은 그의 진의와 무관하게 자본주의의 발전, 혹은 더 일반적으로 말해 경제발전에는 일정한 문화적 전제조건이 있는 것처럼 여겨지게 했다. 굳이 베버를 거론하지 않더라도 경제발전을 위해서는 일정한 전제조건이 필요하다고 생각하는 것은 아주 상식적인 사고방식이다. 그렇다면 이 전제조건이 갖추어지지 않은 나라는 영원히 빈곤의 덫 속에 갇힐 수밖에 없는 것인가? 이 전제조건을 갖추기 위한 전제조건은 또 무엇인가?

러시아 출신의 저명한 미국 경제사학자 거셴크론은 이러한 사고방식에서 벗어날 것을 권고한다. 자신의 주저 『역사적 전망으로 본 경제적 후진성』에서 거셴크론은 19세기 말과 20세기 초의 러시아를 비롯해 후기 경제발전의 여러 사례들을 검토하면서, 산업적 가치들에 저항하는 완고한 태도는 새로운 산업적 가치들에 신속히 자리를 내줄 수 있다고 말한다.[48] 그의 관찰에 따르면 기업가에 대한 부정적인 사회적 태도는 그것이 정부의 행동에 깊이 뿌려내려 있지 않다면 경제발전에 큰 영향을 끼치지 못한다. 후기 경제발전에서 가장 중요한 요인은 보통 러시아의 농노해방과 같은 큰 제도적 변화이다. 한 문화가 아무리 전통적이라 해도, 그것은 이질적이기 마련이며, 실질을 중시하고 '탐욕적'인 마음을 가진 소수는 언제나 존재하기에, 제도적 장애물만 없어지면 경제적 이륙은 언제나 일어날 수 있다는 것이다. 1867년 메이지유신과 더불어 사농공상의 신분제가 폐지된 것, 그리

48. Alexander Gerschenkron, *Economic Backwardness in Historical Perspective*: *A Book of Essays* (Cambridge, Mass.: The Belknap Press of Harvard University Press, 1966).

고 1970년대 말 등소평이 농민들에게 텃밭경영을 허용한 것은 좋은 예일 것이다. 특히 등소평의 경제개혁은 작다면 아주 작은 제도 변화이지만, 이후 역사상 유례가 없는 번영과 성장으로 이어졌다.

불균형발전이론으로 유명한 히르쉬만도 『경제개발전략』에서 경제발전에는 자본, 기업가정신, 숙련노동, 그리고 이러한 경제적 자원들과 요소들의 최적 조합과 같은 다양한 전제조건들이 필요하다는 상식을 비판한다. 후진국들에 유휴자본이나 유휴숙련노동력이 없는 것은 사실이지만, 그래도 저금, 노동력, 잠재적 기업가정신 등등이 산재해 있기 마련이다. 중요한 것은 이 모든 요소들을 묶는 것이다. 무엇이 이 모든 것을 묶을 수 있는가? 무엇이 묶는 자binding agent인가? 그것은 정신 속에 있다. 히르쉬만은 이를 '성장전망'growth perspective이라 부른다. 성장전망은 경제성장에 대한 열망, 그리고 성장으로 이르는 길의 본질적 성격에 대한 사회적 합의로 이루어진다.[49]

박정희 대통령에게 종종 조언을 했다고 알려진 허만 칸 역시 『세계경제개발: 1979년 그리고 그 후』에서 위의 학자들과 유사한 주장을 했다. 18세기의 네덜란드와 영국, 20세기의 일본, 한국, 대만 같은 성공적인 경제발전 국가들에 공통점이 있는바, 경제지도자들이 비상한 정도의 헌신과 목적의식의 단일성을 보여주었다는 것이다. 나아가 높은 경제발전은 이 헌신과 통일성이 보통 사람들에게도 전달될 때만 이루어질 수 있다. 변화를 이루려면 국민 대부분이 이 변화에 연루되어야 한다는 것이다.[50]

49. Albert Hirschman, *The Strategy of Economic Development* (New Haven: Yale University Press, 1958).

50. Herman Kahn, *World Economic Development*: 1979 and Beyond (Boulder: Westview Press, 1979).

위의 세 학자들이 경제개발에서 문화의 역할과 관련하여 주장하고 있는 것은 개발에 필요한 문화적 요소는 어느 정도 항상 존재하기 마련이고, 심지어 존재하지 않는다면 창조될 수도 있다는 것이다. 이것은 문화를 상대적으로 고정된 어떤 내면화된 태도로 보는 전통적인 문화 개념과는 전혀 다른 개념이다. 미국 문화사회학자 앤 스위들러는 1986년 행위를 위한 도구세트로서의 문화 개념culture as tool kit으로 탈코드 파슨즈Talcott Parsons가 대표하는 기존의 정태적 심리적 문화 개념을 비판하며 문화이론에 혁신을 일으켰다.[51]

스위들러에 따르면 문화는 이데올로기, 전통, 상식이라는 세 가지 구성요소를 가진 것으로 볼 수 있다. 이데올로기는 "아주 명시적으로 표현된 자기의식적 신념과 의례체계로서, 사회적 행위의 문제들에 대해 통일적인 해답을 제시하고자하는 것"이다. 전통은 "명시적으로 표현된 문화적 신념과 관행이긴 하지만, 너무나 당연시되어 삶의 불가결한 일부로 보이는 것"이다. 상식은 "자연적이고 투명하며 부정할 수 없는 세계의 구조의 일부로 보일 만큼 너무나 무의식적인 일련의 가정들"이다.[52] 스위들러는 또한 안정된 삶의 시기와 불안정한 삶의 시기를 구분하면서, 문화의 역할은 시기에 따라 다를 것이라고 주장한다. 예컨대 안정된 시기에는 전통이 이데올로기보다 더 큰 영향력을 발휘할 것이고, 불안정한 시기에는 그 반대가 될 것이다. 스위들러의 이러한 구분을 이용해 문화 변화에 대해 논의해 보자.

문화의 세 가지 요소들은 각각 상이한 변화 속도를 가질 것이다. 일반적으로, 이데올로기는 상대적으로 쉽게 변할 것이고, 전통은 더

51. Ann Swidler, "Culture in Action : Symbols and Strategies," *American Sociological Review* 51(2), 1986 : 273-286.

52. 위의 책, p. 279.

안정적일 것이며, 상식은 거의 변하지 않을 것이다. 상식은 현재의 논의와 조금 거리가 있어 보이므로 이데올로기와 전통에 대해서만 생각해 보자. 안정된 삶에서는 이데올로기와 전통을 구분하는 것이 불안정한 삶에서보다 의미가 적을 것이다. 안정된 삶의 시기란 사람들이 정해진 삶의 틀 안에서 사는 시기이다. 따라서 전통이 광범위한 삶의 상황을 다스릴 수 있을 것이며, 이데올로기에 대한 긴급한 요구는 거의 없을 것이다. 대부분의 이데올로기는 전통의 사소한 변종에 불과할 것이다. 안정된 삶에서는 대규모 파열이 거의 없을 것이므로, 문화는 대체로 개인들이 상황의 작은 변화에 적응하는 데 따라 천천히 변화될 것이다. 따라서 안정된 삶에서의 문화 변화는 자생적이고 분산적이고 점진적이고 비가시적이고 비주체적일 것이다.

상황에 큰 변화가 일어났을 때 전통이 삶의 문제에 대해 적절한 대답을 제시하지 못하면, 이데올로기가 자신의 존재를 주장하기 시작할 것이다. 다양한 이데올로기들이 일어나 패권을 두고 경쟁할 것이다. 이러한 이데올로기적 경쟁은 그 자체로 불안정한 삶의 도래를 알리는 것일 수 있다. 그것은 이미 전통적 문화지형에 대한 도전이다. 이 도전이 성공적일 때, 전통은 의문시되며, 의문시되는 순간 이데올로기의 지위로 떨어지고 나아가 망각 속으로 빠져든다. 승리한 이데올로기는 이윽고 스스로를 전통으로 확립한다. 따라서 불안정한 삶의 시기에는 문화 변화가 전통에 대한 새로운 이데올로기들의 도전의 결과로서, 그리고 다양한 사회정치세력들 사이의 이데올로기적 경쟁의 결과로서 일어날 것이다. 이 세력들이 고유의 투쟁전략으로 서로 싸움에 따라, 문화 변화는 의도적이고 중앙집중적이고 단절적이고 가시적이고 주체적일 것이다.

방금 지배적 전통에 대한 새로운 사회정치세력들의 이데올로기적

도전으로 문화적 위기가 일어나는 것이 불안정한 삶의 특징이라고 했을 때, 우리는 도구세트로서의 문화라는 스위들러의 문화 개념보다 더 역동적이고 주체적인 문화 개념에 대해 이야기하고 있다. 왜냐하면 새로운 정치세력이 보통 행하는 것은 지배적 이데올로기를 그들 자신의 이데올로기로 교체하는 것이기 때문이다. 요컨대 그들은 새로운 문화를 생산함으로써 옛 문화를 변화시키고자 한다. 그들은 전략적 문화 변화를 기도하고 있는 것이다.

이데올로기는 새로운 상황에서 제기되는 삶의 새로운 문제들에 통일적인 해답과 새로운 행위전략을 제공하기 때문에, 불안정한 삶의 시기에 사회적 행위자들은 이데올로기에 더욱 의존한다. 전통은 폐기될 것이다. 하지만 사람들이 전통을 더 완강하게 고수하는 상황도 있을 수 있다. 더 많은 이데올로기들이 등장해 서로 경쟁하지만, 그렇다고 사람들이 꼭 이들을 자신의 행위 지침으로 삼는 것은 아니다. 선택지가 너무 많을 때, 혹은 선택지가 너무 새로워서 쉽게 받아들일 수 없을 때, 사람들은 옛 생활방식을 유지하는 것이 최선이라고 느낄 수 있다. 따라서 격동의 시기에는 문화 변화가 어떻게든 일어날 확률은 높지만, 이 가능성이 실현되느냐 아니냐는 경쟁하는 문화 지도자들이 사람들에게 매력적인 이데올로기를 제시할 수 있느냐 아니냐에 달려 있을 것이다. 따라서 불안정한 삶의 시기에는 다양한 정치세력들이 문화의 전략적 생산을 도모하게 될 것이다.

문화의 전략적 생산이라는 생각은 사실 마르크스주의 전통 안에 가득 차 있다. 마르크스와 엥겔스가 "모든 시대 지배계급의 사상은 지배사상"[53] 이라고 말할 때, 그들은 이미 전략적 문화 개념을 암시

53. Karl Marx and Frederick Engels, *The German Ideology, Part One* (New York: Interna-

하고 있다. 사상이 보편성의 형태를 취하는 현상을 설명하면서, 이는 모든 새로운 계급이 자신의 이익을 모든 사회구성원의 공동이익으로 제시해야 하기 때문이라고 말한다. 즉 자신의 이익을 이상적 형태로 표현해야 한다는 것이다. "새로운 계급은 자신의 사상에 보편성의 형태를 부여해야 하며, 자신의 사상을 유일하게 합리적이고 보편타당한 사상으로 제시해야 한다…. 따라서 모든 새로운 계급은 이전에 지배하던 계급의 기반보다 더 넓은 기반 위에서만 헤게모니를 성취한다."[54] 여기에서 그들이 시사하고 있는 것은, 새로운 계급이 사회의 일반이익을 구성하는 정치적 능력을 가질 때에만 지배계급으로 떠오를 수 있다는 것이다. 그람시는 이러한 정치적 능력을 더욱 강조하면서 거기에 문화적 차원을 더한다. 위의 마르크스와 엥겔스의 말에 대한 긴 주석처럼 보이는 구절에서 그람시가 말하기를, 지배 이데올로기는 "경제적 정치적 목표의 일치는 물론 지적 도덕적 통일도" 불러일으키며, 국가는 모든 '민족적' 에너지의 체현으로 제시된다고 한다.[55] 그에게 있어 문화는 혁명적 투쟁의 또 다른 전략적 평면이며, 따라서 전략적으로 접근되어야 하는 것이다. 여기에서 그는 의도적 문화 변화를 이론화할 수 있는 전략적 문화 개념을 이미 완전히 발전된 형태로 제안하고 있다.

사실 역사는 특정한 정치적 지도력이 의도적 문화 변화를 추구하는 무수한 예를 전하고 있다. 역사의 주요한 문화 변화는 다수가 이런 식으로 일어났다. 예컨대 종교개혁과 계몽운동 이후의 문화혁명은 상황의 변화에 분산적으로 적응하는 점진적 문화 변화로서 일어

tional Publishers, 1970), p. 64.

54. 위의 책, pp. 65-6.

55. Antonio Gramsci, *Prison Notebooks* (New York: International Publishers, 1971), pp. 181-2.

난 것이 아니라, 특정한 사회세력들이 변화를 전략적으로 추구한 산물로서 일어났다.[56] 또한 고스키가 보여주듯이, 초기 근대 네덜란드와 프러시아에서의 규율혁명은 몇몇 군주가 프로테스탄티즘을 채택하며 문화 변화를 의도적으로 일으킨 결과로 일어났다.[57] 동아시아로 오면, 11세기에 중국에서 신유교적 질서가 수립된 것은, 주시朱熹가 불교와 도교 같은 경쟁 종교에 맞서 고전 유교를 완전히 재구성하고 체계화한 데서 정점에 이른 거대한 지식운동의 결과였다. 한국과 일본에서도 신유교 체제는 각각 14세기와 17세기에 명시적인 국가 재건 프로젝트로서 성립되었다.[58] 박정희 대통령이 1960년대 이래, 특히 1970년대에 추구했던 문화 변화도 주체적 전략적 문화 개념을 통해 이해할 수 있다.

개발 도덕화

서구의 초기 근대를 자세히 들여다보면 서구 국가들에서조차 경제 발전을 위한 문화적 조건들이 미리 주어진 것이거나 물려받은 것이

56. Robert Wuthnow, *Communities of Discourse: Ideology and Social Structure in the Reformation, the Enlightenment, and European Socialism* (Cambridge, Mass.: Harvard University Press, 1989).

57. Philip Gorski, *The Disciplinary Revolution: Calvinism and the Rise of the State in Early Modern Europe* (Chicago and London: The University of Chicago Press, 2003).

58. 한국에 대해서는 Martina Deuchler, *The Confucian Transformation of Korea: A Study of Society and Ideology* (Cambridge, Mass.: Harvard University Press, 1992), 일본에 대해서는 Maruyama Masao, *Studies in the Intellectual History of Tokugawa Japan* (Tokyo: University of Tokyo Press, 1974)를 보라.

기보다 실제로는 의식적으로 창조된 것임을 알 수 있다. 바꾸어 말해 근대의 한 뚜렷한 특징은 유력한 행위자들이 일반 국민들에 대해 경제발전에 유리한 윤리와 태도를 전략적으로 함양시키려는 사회적 정치적 과정이 진행되었다는 것이다. 국민들에게 이러한 윤리와 태도를 함양시켜 그들을 적극적이고 규율 있는 '노동하는 동물'animal laborans로 만드는 과정을 개발 도덕화라 부를 수 있겠다.

개발을 도덕과 연관시키는 것은 말할 것도 없이 베버로부터 유래한다. 베버는 프로테스탄티즘, 특히 칼뱅주의가 어떻게 사람들을 개발 친화적이도록 도덕화시켰는지를 보였다. 전형적인 프로테스탄트는 적극적이고 질서정연한 삶의 방식을 영위했다. 내면세계의 정복에 기초한 외부세계의 정복이 프로테스탄트적 삶의 특징이었다. 자기 정복에 기초한 세계 정복이 일차적으로 표현되는 형태는 성실한 노동 자체를 위한 성실한 노동, 곧 쉼 없이 노동하는 삶이었다. 행동주의, 성실한 노동, 질서 있고 합리적인 삶은 자본주의의 핵심적인 정신적 지주를 이루게 되었다. 잘 알려져 있는 것처럼, 베버는 이처럼 프로테스탄트가 노동하는 동물로 변화되는 과정을 무엇보다 심리적 과정으로 묘사하면서, 구원의 징표를 확인하려는 영적 긴장이 쉼 없는 노동으로 이끌었다고 주장했다.

하지만 베버는 자신의 방대한 종교사회학 저작에서, 국민을 개발 도덕화할 수 있는 프로테스탄티즘의 능력이 프로테스탄트적 합리화 과정에서 더 넓은 사회로 확산되는 것에 대해서도 묘사하고 있다. 프로테스탄티즘은 어떤 주어진 것이 아니었다. 그것은 하나의 운동으로서, 사회종교적 기획으로서 자기 존재를 주장해 나갔다. 어제까지 가톨릭교도였던 한 장인이 1648년의 베스트팔렌 조약에서 정해진 원칙—"군주의 종교가 신민의 종교"Cuius regio, eius religio. Whose rule, his religion—에 따라 오늘 신교도로 선언된다고 해도 내일 갑자기 신실한 신교도가 될 수는 없다. 그는 개종을 하고 교육을 받아 훈육된 후에야 독실한 신교도가 될 수 있었다. 그리고 소규모 칼뱅주의/청교도 공동체들은 전국의 공동체로 뚫고 들어가 거기에서 성자들의 왕국을 세우고자 했다. 근대적 생활방식은 이러한 장기적 합리화 과정을 통해 확립되었다. 이 과정은 결국 "합리주의적 반전통주의적 정신의 창조와 확산"으로 정점에 이르렀으며, 이것이 근대 자본주의의 등장에 결정적이었다는 것이다.[59] 따라서 합리주의적 반전통주의적 정신과 생활방식의 확산은 프로테스탄트 운동이 장기적인 사회종교적 기획을 통해 수행한 기독교적 개발 도덕화라 할 수 있다.

하지만 기독교적 합리화 과정은 서구에서 광범위하게 전개된 보다 일반적인 개발 도덕화의 일부였다. 일반적 개발 도덕화의 일차적인 담당자는 근대국가였다. 근대국가가 왜 개발 도덕화에 착수하는가? 무엇보다 서구 국가들 사이의 지정학적 경쟁이 일차적인 이유였다. 근대 초기에 군사력이 점점 더 국부와 동일시되면서, 유럽 국가들은 행정 기능의 더 많은 부분을 경제발전에 투여해 자신들의 전쟁 기계에 연료를 대고자 했다.[60] 이렇게 해서 경제가 국가 행정의 중심점으로 부상하게 된 것을 역사적 배경으로 삼아, 통치의 기술, 중상주의, 정치경제학 같은 다양한 경제적 담론들이 출현하게 되었다. 이러한 역사적 상황 하에서, 근대국가는 경제 국가가 되었고, 그 모든 행

59. Max Weber, ""Anticritical Last Word on the Spirit of Capitalism," by Max Weber." *American Journal of Sociology* 83(5), 1978 : 1105-1131, pp. 1128-9.

60. Michael Mann, *The Sources of Social Power Vol. I : A History of Power from the Beginning to A.D. 1760* (Cambridge : Cambridge University Press, 1986)과 *The Sources of Social Power Vol. II : The Rise of Classes and Nation-States, 1760-1914* (Cambridge : Cambridge University Press, 1993).

위는 경제와 관련성을 가지게 되었다. 케네의 다음과 같은 말이 이러한 사태를 잘 표현하고 있다.

> 경제적 행정은 국가의 힘을 강화하고, 타국들의 존경을 모으며, 군주의 영광과 백성의 행복을 보호한다. 경제적 행정은 그 범위 안에 완벽한 통치체계의 모든 본질적 원칙들을 포함한다. 완벽한 통치체계에서 권위는 항상 자비로운 보호자이자 사랑 받는 후견인이다. 완벽한 통치체계는 자신의 길에서 결코 벗어날 수 없고, 자신의 영향력을 너무 멀리 확대하지 않을 것이며, 불안을 초래할 수 없다. 경제적 행정은 모든 곳에서 국익, 좋은 질서, 공중의 권리, 주권자의 힘과 지배를 유지한다.[61]

종교개혁은 근대국가가 개발 도덕화에 직접 착수하게 된 또 다른 중요한 요인이었다. 그것은 국가 행정의 범위가 대대적으로 확대되기 시작한 결정적인 계기였다. 종교개혁은 로마가톨릭교회의 제도적 이념적 기반을 송두리째 뒤흔들었다. 프로테스탄트 국가들의 경우 이 기초와 함께 사라진 것이 이전에 가톨릭교회가 담당하던 다수의 사회적 문화적 기능이었다. 사람들을 교육 훈육 교화하는 일이 그것이다. 이 기능들의 다수는 이제 국가가 담당하게 되었고, 나머지는 프로테스탄트 분파들을 포함해 시민사회가 떠맡게 되었다. '권력과 풍요'power and plenty가 동일시되는 역사적 상황에서 국가의 새로운 사회적 문화적 기능은 개인의 경제적 힘과 나라의 경제적 힘을 동시에 발전시킬 목적으로 수행되었다.

61. François Quesnay, *Tableau Économique* (New York: Augustus M. Kelley Publishers, 1972), p. 22.

개발 도덕화 개념으로 포착하고자 하는 서구 역사과정의 일부는 이른바 사회 규율화social disciplining를 연구하는 학자들, 대표적으로 외스트라이히, 라이프, 고스키, 푸코에 의해서도 깊이 추적되었다. 우선 외스트라이히는 사회의 규율화를 절대주의의 주도적 원리로 본다. 그의 주장에 따르면, 사회적 규율은 인간의 행동을 규제하고 능률화하는 과정으로서, 베버의 합리화 개념을 포용하는 동시에 절대주의 국가와 사회의 성격을 그보다 더 잘 포착하고 있다. 왜냐하면 사회적 규율 개념은 도덕적 제약과 정열적 행동, 금욕주의와 적극적 행위를 결합하고 있기 때문이다. 독일의 경우 요셉 2세 시대 1780년과 1790년 사이에 사회적 규율은 정점에 이르러, "그의 정치적 경제적 종교적 교육적 조치들은 모두 근면하고 복종적이며 유능하고 규율 있는 신민을 향했다."[62]

라이프는 근대 초기에 지정학적 경쟁과 종교적 투쟁이 격화되면서 국가들이 그들의 정치력과 경제력을 강화하기 위해 신민의 경제적 사회적 문화적 삶에 더욱 적극적으로 개입하게 되었다고 주장한다. 이 맥락에서 규율화는 이중의 함의를 가지고 있었다. 그것은 권위와 통제의 수동적 수용을 내포할 뿐만 아니라 무엇보다 적극적 개인의 형성을 내포한다. 잘 조직된 경찰(치안) 국가는 "기본적인 문화적 지적 제도적 활동의 상례화"를 통해 백성들에게 자연에 대한 새로운 적극적 태도—자연의 주인이자 소유자로서의 인간—를 주입하고자 했다는 것이다. "이를 위해 평민들의 관습, 생각, 활동이 개변되어야 했다."[63]

62. Gerhard Oestreich, *Neostoicism and the Early Modern State* (Cambridge: Cambridge University Press, 1982), p. 271.

63. Marc Raeff, *The Well-Ordered Police State: Social and Institutional Change through Lawin*

고스키는 근대 초기에 네덜란드와 프러시아 국가가 수행한 '규율혁명'disciplinary revolution을 들여다본다. 규율혁명이란 군과 행정을 포함해 광범위한 정치적 사회적 영역에 강력한 규율을 불어 넣으려던 개혁을 가리킨다. 이 개혁을 위해 다양한 규율 기법과 전략이 도입 확산되었다. 이러한 규율혁명을 통해 네덜란드와 프러시아는 정치적 경제적으로 강국으로 부상할 수 있었다는 것이다.[64]

마지막으로, 푸코는 규율 개념을 전 세계 인문사회과학계에 유행시킨 철학자이다. 규율이란 국가적 권력이든 사회적 권력이든 근대적 권력의 정밀 테크놀로지이다. 그는 근대국가가 어떻게 그 특유의 총체화 능력과 개별화 능력으로 사람들의 삶에 점점 더 침투해 왔는지를 드러낸다. 근대적 통치기술의 발전이 주목의 초점이다. 근대적 통치기술은 사람들의 삶을 경제와 직결시킨다. 이것은 경제의 전통적 의미가 통치기술의 담론 속으로 들어가는 과정에 내포되어 있다. 루소가 백과전서에서 내린 경제의 정의는 아리스토텔레스에게서 비롯하는 이 전통적 의미를 잘 담고 있다. 경제란 "전 가족의 공동선을 위해 가정을 현명하고 정당하게 다스리는 것(통치하는 것)"이다.[65] 푸코는 루소의 이 정의를 인용하면서, 통치기술 담론은 가족에 대한 통치를 어떻게 국가에 대한 경영 속으로 도입하는가에 관심이 있었다고 주장한다. 이제 "국가를 통치한다는 것"은 "경제를 적용한다는 것, 전 국가 차원에서 경제를 세우는 것"이며, "가장이 자기 가정과

the Germanies and Russia, 1600-1800 (New Haven and London : Yale University Press, 1983), p. 41.

64. Gorski, *The Disciplinary Revolution.*

65. Jean-Jacque Rousseau, "Discourse on Political Economy," pp. 3-38 in Victor Gourevitch (ed.), *The Social Contract and other later political writings.* (Cambridge : Cambridge University Press, 1997), p. 3.

자기 재화에 대해 세심한 감시와 통제를 하듯이 국민들에 대해 그리고 개개인의 부와 행동에 대해 그만큼 세심한 감시와 통제를 한다는 것"이다.[66] 그리하여 형성된 근대국가는 근원적으로 경제적 국가이며, 경제적 국가는 또한 본질적으로 규율 국가이다.

우리는 푸코의 저작으로부터 경제와 규율 사이에 깊은 연관이 수립되었다는 것과 근대국가가 경제적-규율적 국가로 등장했다는 것을 보여주는 많은 징후들을 그러모을 수 있다. 첫째, 18세기에 인구문제가 제기되면서, 정부(통치)는 주민의 복지, 주민의 상태의 개선, 주민의 부, 수명, 건강 등등의 증진을 목표로 삼게 되었다.[67] 둘째, 치안police 개념에 대한 당시의 용법도 경제와 규율의 연관을 명료하게 드러낸다. 푸코는 치안을 정의하기를, "개인들의 삶을 구성하는 요소들을 발전시키되 이 요소들의 발전이 또한 국가의 힘을 향상시키도록 하는 것"이라고 한다.[68] 영국법을 체계화한 블랙스톤Blackstone이 1765년의 『영국법 주석Commentaries on the Laws of England』에서 제시한 공공치안과 경제에 대한 정의는 푸코의 요지를 빼어나게 증거하고 있다. "공공치안과 경제란 왕국을 적절히 규제하고 왕국의 국내 질서를 유지함으로써, 국가의 개인들이 잘 다스려진 가정의 구성원들처럼 자신의 일반적 행동을 예의, 선린, 양속의 규준에 맞추게끔 하고, 각자가 처한 곳에서 품위 있고 근면하며 무례하지 않게끔 하는 것이다."[69]

66. Michel Foucault, "Governmentality," pp. 201-222 in James Faubion (ed.), *Essential Works of Foucault 1954-1984*, vol. 3 (New York: The New Press, 2000), p. 207.

67. 위의 책, pp. 216-7.

68. Foucault, "Omnes et Singulatim." Pp. 298-325 in James Faubion (ed.), *Essential Works of Foucault 1954-1984*, vol. 3 (New York: The New Press, 2000), p. 322.

69. Philip Corrigan and Derek Sayer, *The Great Arch: English State Formation as Cultural Revolution* (New York: Basil Blackwell, 1985), p. 95에서 재인용.

셋째, 왕의 권력이 봉건적 생사여탈권에서 생명을 북돋우는 권력으로 바뀌었다는 그의 날카로운 통찰은 경제적-규율적 국가의 부상을 가장 극적으로 표현하고 있다.[70] 권력은 이제 죽음을 위한 것이 아니라 생명을 위한 것이고, 파괴를 위한 것이 아니라 건설을 위한 것이며, 생명의 소비를 위한 것이 아니라 생명의 생산을 위한 것이다.

여기에서 푸코는 인간의 가치화, 곧 인간 그 자체의 가치의 최대화에 대해 이야기하고 있다. 근대에 이르러 노동가치설이 등장해 인간의 노동이 만물의 가치의 원천으로 보이게 된 것은 우연이 아니다. 노동은 신체 속에 깃든, 가치를 창조하는 능력이다. 신체에 깃든 이 능력은 인간 자본으로 전환되며, 규율을 핵심으로 삼는 전 범위의 통치 테크놀로지와 근대적 권력의 미시물리학에 의해 최대화된다. 인간의 가치화는 작업장에서, 학교에서, 병영에서, 감옥에서, 모든 곳에서 일어난다. 근대는 사람들을 규율화해 유용해지도록 하려는 충동을 가지고 있다. 효용 개념이 규율 개념과 결합되게 된 나머지, 생산적 노동이 처벌의 수단으로 부과되기까지 하는 것은 아주 흥미롭다. 이러한 사태는 19세기 사회개혁가의 다음과 같은 말에서 간명하게 나타나고 있다. "노동은 근대인들의 섭리이다. 노동은 도덕을 대체하고, 신앙이 남긴 공백을 채우며, 모든 선의 원리로 간주된다. 노동은 감옥의 종교여야 한다. 기계 사회에 대해서는 순전히 기계적인 개혁 수단이 필요하다."[71] 따라서 개발 도덕화는 규율의 이면이다.

그러므로 근대에 이르러 유력 행위자들이 사람들로 하여금 경제발전에 적합한 윤리와 태도를 갖추게끔 하려는 노력이 체계적으로 진

70. Foucault, *The History of Sexuality* (New York: Vintage Books, 1990), pp. 135-45.

71. Foucault, *Discipline and Punish: The Birth of the Prison* (New York: Vintage Books, 1977), p. 242에서 재인용.

행되었다. 개발 도덕화 개념은 이처럼 일반인들이 개발에 이바지하는 근대적 윤리와 태도를 흡수하게 되는 과정을 더 분명하게 부각시키려는 개념이다.

개발 도덕화의 유형

동서양의 역사적 경험에 비추어 보면 개발 도덕화는 몇 가지 유형으로 나뉠 수 있을 것 같다. 먼저 국가가 개발 도덕화를 주도하는지 사회가 주도하는지에 따라 국가 주도형과 사회 주도형으로 크게 나눌 수 있다. 또한 개발 도덕화의 대상 집단이 이 도덕화에 직접 참여하는지 아니면 그야말로 수동적 대상으로 그치는지에 따라 위의 대분류 각각을 참여형과 비참여형으로 나눌 수 있다. 이렇게 되면 국가 주도 참여형, 국가 주도 비참여형, 사회 주도 참여형, 사회 주도 비참여형의 네 가지 유형이 나온다. 하지만 개발 도덕화를 이렇게 네 가지 유형론으로 나눈다고 해서, 근대 국가가 점점 더 일상적 행정 행위를 통해 개발 도덕화를 일상적으로 수행해 왔다는 사실을 잊어서는 안 된다. 개발 도덕화는 규율처럼 모든 곳에 편재한다. 여기에서 우리의 관심은 사람들의 신체와 영혼을 늘 생산적인 것으로 빚어내려는 보다 가시적이고 보다 집중적인 노력이다.

<표 1> 개발 도덕화의 유형

	참여	비참여
국가 주도	I. 새마을운동, 일본의 지방개량운동	II. 네덜란드와 프러시아의 규율혁명
사회 주도	III. 감리교운동	IV. 여러 가지 금주운동

유형 I을 제외하면 서구 근대사에서 많은 예를 찾을 수 있다. 고스키가 연구한 네덜란드와 프러시아에서의 규율혁명은 국가 주도 비참여형 개발 도덕화로 파악될 수 있다. 유형 III과 IV는 서구의 다양한 기독교 종파와 기독교 중산층이 주도한 도덕 캠페인에서 많은 예를 찾을 수 있다.

영국은 종교개혁부터 산업혁명에 이르기까지 사회 주도형 개발 도덕화의 수많은 예를 제공한다. 크리스토퍼 힐은 베버적 문제의식에 기초한 일련의 저작에서, 어떻게 청교도와 기타 사회세력들이 16세기와 17세기에 다양한 사회영역에서 개발 도덕화에 착수해 자본주의적 발전에 기여했는지를 보여준다. 청교도들은, 토지가 없는 무능한 빈민을 부양하고 아이들에게 노동을 가르치며 건강한 빈민에게 규율 있는 노동을 시킬 새로운 정책을 주창했다.[72] 노동의 규칙적 리듬을 세우기 위해 성자들의 휴일이 폐지되었고 안식일 휴식이 강조되었으며 규칙적인 식사시간이 확립되었다.[73] 무차별적인 자선은 "빈민들에게 일을 시키고 자조를 북돋우는" "건설적인 프로테스탄트적 대안"에 의해 대체되었다.[74] '즐거운 영국'의 상징이었던 커뮤니티 센터는 교정소가 되었다.[75] 마지막으로, 17세기 전환기에는 하층민들의 풍속을 교정하기 위해 근대적 감화원, 자선학교, 자선협회들이 우후죽순처럼 생겨났다.[76] 힐은 또한 근대적 개발 도덕화의 초기에 영국

72. Christopher Hill, *Society and Puritanism in Pre-Revolutionary England* (New York: St. Martin's Press, 1997[1958]), p. 233.
73. Hill, *Reformation to Industrial Revolution: The Making of Modern English Society, vol. I 1530-1780* (New York: Pantheon Books, 1967), p. 77.
74. Hill, *Society and Puritanism*, p. 235.
75. 위의 책, p. 365.
76. Hill, *Reformation to Industrial Revolution*, p. 143.

국가가 사회에 침투해 들어갔음을 암시하고 있다. "종교적 교구단위는 민간 국가의 행정 위계와 완전히 융합되었다…. 이런 식으로 그리고 또한 다른 많은 방식으로 튜더 시대에는 중앙의 국가 권력이 지방의 반자율적 기관 뒤로 끼어들어야 했다…. 레비아탄이 착한 사마리아인을 대체했다."[77]

17세기 말과 18세기 초에는 예절 교정 캠페인이 많이 일어났다. 이 캠페인을 주도한 협회들은 교회와 국가의 손이 미치지 못하는 사회 영역으로 관통해 들어간 최초의 전국적 자생 집단이었다.[78] 스위프트가 명예혁명 직후의 시기를 '기획'projecting 시대라 부른 것은 아주 흥미로운 일이다. 이는 "인간의 운명을 증진시키는 데 현저한 결과를 가져올" 어떤 계획을 뜻했다.[79] 요컨대 이 캠페인들은 개발 도덕화를 위한 사회공학적 기획이었던 것이다.

개발 도덕화는 감리교 운동 때 새로운 고조기를 맞았다. 톰슨은 감리교 운동이 당시 진행되고 있던 산업혁명에 필요한 규율을 노동계급에게 주입하는 데 아주 성공적이었다고 주장한다. 감리교와 더불어 "평균적 영국 노동계급은 더욱 규율적으로 되었고, 시계의 생산적 템포에 더욱 종속되었으며, 더욱 조심스럽고 조직적으로 되었고, 덜 폭력적이고 덜 거칠게 되었다."[80] 헴프턴 역시 감리교의 역사적 의의에 대해 긍정적 평가를 내린다. 감리교의 창시자인 존 웨슬리John Wesley는 계몽주의에 영향을 받은 인물로, "자기 개량과 사회 개량의 지

77. Hill, *Society and Puritanism*, p. 229.

78. Dudley Bahlman, *The Moral Revolution of 1688* (New Haven: Yale University Press, 1957), p. 101.

79. 위의 책, p. 101.

80. E. P. Thompson, *The Making of the English Working Class*. New York: Vintage Books, 1966), pp. 409-10.

칠 줄 모르는 옹호자"였고, "기독교인의 이상적인 삶은 끊임없는 원기 왕성한 행동주의의 삶"이라고 주장했다는 것이다.[81] 감리교는 처음에는 하층계급의 몰아적 비합리주의를 특징으로 했지만, 결국 노동계급으로 하여금 절제, 검소, 근면을 증진하는 도덕적 규율을 갖추도록 했다.

마지막으로, 영국에서 개발 도덕화는 새롭게 등장하는 근대적 기관에서도 실현되었다. 푸코의 경우 개발 도덕화는 주로 병영이나 감옥 같은 억압기관에서 이루어진다. 하지만 개발 도덕화는 억압과 크게 관련이 없는 자선의 역사에서도 표출되었다. 앤드류는 런던 자선단체들이 근대적 자선의 등장에서 행한 역할을 추적하면서 그들의 담론을 인용하고 있다. 영국에서 근대적 자선을 출발시킨 이 '정치적 산술가들'은 국부와 국력이라는 관점에서 자신들의 활동을 바라보았고, 흔히 인간 생명의 가치를 화폐적 관점에서 측정했다.[82] 그는 개발 도덕화의 제도적 표현을 시사하는 흥미로운 인용문을 제공한다. 1739년에 설립된 기아棄兒 병원Foundling Hospital의 한 가지 목표는 "정부에게 많은 면에서 유용한 손을 풍부하게 제공하고, 나아가 지금 공중의 역병이 되고 있는, 가난하고 비참한 버려진 아이들 곧 기아들 중에서 선량하고 신실한 종을 생산하는 것"이었다.[83] 또한 18세기 중반 자선계의 대부인 조나스 핸웨이Jonas Hanway는 런던 자선협회들에게 생명을 구하고 국력의 원천인 인구 성장을 촉진하기 위해 더 많은

81. David Hempton, *Methodism: Empire of the Spirit* (New Haven and London: Yale University Press, 2005), p. 42.

82. Donna Andrew, *Philanthropy and Police: London Charity in the Eighteenth Century* (Princeton: Princeton University Press, 1989), p. 23.

83. 위의 책, p. 58에서 재인용.

일을 하도록 촉구하면서 이렇게 말했다. "이 모든 것은 아주 적은 비용으로 생산된다. 우리들 가운데 많은 사람들이 매일 던져 버리는 푼돈이 하나의 생명을 구하고 어쩌면 두 생명을 구한다…. 최대의 선이 최소의 비용으로 행해진다는 것은 자선의 지당한 장점이다."[84] 결론적으로, 영국에서는 종교개혁 이래 프로테스탄티즘 내외부에서 아주 다양한 사회 주도형 개발 도덕화가 때로 의도적으로 때로 비의도적으로 진행되었다.

국가 주도 참여형 개발 도덕화는 동아시아 국가들에서 가장 전형적으로 일어났던 것 같다. 일본의 경우, 지방개량운동(1905-1925), 국민정신총동원운동(1937-1940), 신생활운동(1940, 1950년대)과 같은 크고 작은 근대화 캠페인이 진행되었다. 중국에서도 1930년대에 국민당 정부가 신생활운동을 벌였으며, 이는 1949년 혁명 이후 대만에서 계속되었다. 한국에서는 1960년대의 재건국민운동과 1970년대의 새마을운동이 대표적이다. 이 근대화 캠페인들은 대개 상당수의 국민들이 다양한 국가적 지역적 프로젝트들에 직접 참여하는 형태를 취했다.

그러므로 동아시아는 개발 도덕화의 양식과 관련해 영국과 뚜렷하게 대비된다. 이러한 대비의 주된 원천은 각자가 취한 경제발전 방식의 차이일 것이다. 영국은 장기적이고 자생적인 발전과정을 밟은 반면, 동아시아 국가들은 발전과정을 단축시키고 가속화시키기 위해 온갖 노력을 다 기울였다. 더욱이 동아시아의 국가는 영국의 국가보다 더 강력해, 사람들의 경제적 사회적 문화적 삶에 직접 개입할 수 있는 힘을 가지고 있었다. 따라서 동아시아의 개발 도덕화는 국가 프로젝트가 될 가능성이 높았고, 영국에서 청교도주의나 감리교가 행

84. 위의 책, p. 104.

했던 도덕 개혁가의 역할을 동아시아에서는 국가가 떠맡았다. 동아시아의 성공적인 도덕적 경제적 캠페인이 보여주는 것은, 국가 주도 참여형 개발 도덕화는 잘 수행될 경우 비교적 단기간에 경제발전을 위한 문화적 변환을 성취할 수 있다는 것이다.

새마을운동의 경과와 그 외형적 성과

새마을운동은 개발연간에 한국의 국가가 주도한 참여형 개발 도덕화의 대표적인 사례였다. 이 운동은 1970년에 농촌개발사업으로 시작되어 1970년대에 한국 전체를 뜨거운 열기로 휩쓸다가 1979년 박정희 대통령의 서거와 함께 동력을 현저히 상실했다. 이후 크고 작은 굴곡 속에 성격이 변화되며 오늘날에도 지속되고 있지만, 개발 도덕화로서의 새마을운동은 1970년대로 국한된다. 많은 논란에도 불구하고 새마을운동이 우리나라에 미친 영향은 엄청나게 컸다. 농촌개발사업이었던 만큼 무엇보다 우리나라 농촌의 외형적 모습이 크게 바뀌었다. 초가지붕 대신 슬레이트 지붕이 들어섰고, 온갖 귀신이 살던 토담 대신 산업의 마른 냄새를 품은 블록 담이 세워졌으며, 꼴을 진 지게가 간신히 다니던 구불구불한 시골길은 차가 다닐 수 있게 되었다. 백열등과 형광등은 호롱불이 만들어내던 전설 바다의 밤물결을 몰아내었다. 이러한 외형의 변화 못지않게 정신적 충격도 컸다. 조선일보의 1998년 설문조사에 따르면, 응답자의 45.6%가 새마을운동을 대한민국 수립 후 우리 국민이 성취한 가장 큰 업적으로 꼽았다(복수

85. 조선일보 1998년 7월 16일자.

응답 허용).[85] 다른 신문사와 여론조사기관의 설문조사에서도 새마을운동은 가장 자랑스럽거나 국가 발전에 가장 큰 영향을 끼친 사건의 하나로 꼽히고 있다. 이는 새마을운동을 기본적으로 억압적 관제 동원으로 보는 사회과학계 일각의 견해와는 전혀 다른 결과이다.

그러나 이 거대한 충격에 비하면 새마을운동의 시작은 몇 가지 우연한 사건들의 조합에서 비롯되었다. 새마을운동의 공식적 시작 시점은 1970년 4월 22일이다. 이 날 박정희 대통령은 가뭄 대책을 위한 전국지방장관회의 석상에서, 자주와 자조의 정신으로 마을을 개조해 잘 사는 마을, 깨끗한 마을을 만들자며 이를 새마을가꾸기운동이라 부르자고 제안했다.[86] 박정희 대통령이 이 운동에 착상하게 된 계기는 이렇다. 그는 1969년 8월 수해 복구 현장을 시찰하기 위해 대통령 전용 열차로 부산으로 가던 중 청도 신도리를 지나다, 철길 바로 옆으로 유달리 윤택하고 말쑥한 마을을 보게 되었다. 이에 그는 열차를 세운 후 마을을 직접 찾아 주민들에게 연유를 물었고, 마을 주민들은 수해 피해를 복구하는 김에 환경을 더 잘 가꿔서 깨끗하고 살기 좋은 마을을 만들어보자는 마을총회의 결의가 있었다는 대답을 주었다. 이것이 새마을가꾸기운동의 제안으로 이어졌다. 하지만 이 운동은 아직까지는 마을의 환경을 깨끗이 하는 데 머물러 있었으며, 큰 동력도 얻지 못했던 것으로 보인다.

대전환은 1970년 11월에 일어났다. 이 해에 국영 시멘트 기업이 시멘트를 과잉 생산해 처리 문제가 대두되었고, 박정희 대통령은 이에 대한 해결책으로 전국의 마을에 과잉 시멘트를 무상으로 제공하라고

86. 한승조, 「새마을운동의 정치철학」, 서울대학교 새마을운동종합연구소 편, 『새마을운동의 이념과 실제』(서울: 서울대학교 새마을운동 종합연구소, 1981), p. 113에서 재인용.

지시했다. 그리하여 1970년 11월에서 1971년 3월까지 약 35,000개 마을에 각각 335부대의 시멘트가 무상으로 제공되었다. 여기에는 조건이 있었다. 시멘트는 개인적 목적이 아니라 도로 확장과 같은 공동적 목적에 사용되어야 했다. 또한 이 조건을 지키는 마을에는 시멘트가 추가 공급될 것이었다. 농민들은 무상 시멘트에 미증유의 강도로 열렬하게 반응했다. 마을 당 평균 12개의 사업이 진행되었고, 전국적으로 720만 명의 농민이 385,000개의 사업에 참여했다.[87]

정부는 예상을 훨씬 뛰어넘은 농민들의 반응에 고무되어 새마을가꾸기운동을 체계화하기 시작했다. 캠페인의 목표와 대상이 확대되어, 농촌의 외적 환경을 가꾸려던 운동이 전반적인 농어촌 개발사업으로, 나아가 전 국민을 대상으로 한 의식개혁운동으로 발전했다. 이와 동시에 새마을운동이라는 명칭이 새마을가꾸기운동을 대체하기 시작했다. 이러한 변화는 박정희 대통령의 1972년 2월 26일 서울대학교 졸업식 치사에서 잘 드러난다. "바야흐로 우리 농촌에서는 자조, 자립, 협동의 새마을운동이 기운차게 전개되고 있습니다. 새마을운동은 비단 농촌에만 국한된 것이 아니라, 근검 협동하는 우리의 전통적 미풍과 근대 산업 사회의 생산적 가치를 접합시키는 정신운동인 것입니다…. 이 운동을 우리는 범국민적으로 전개해야 하며, 대학인과 지식인들도 흔연히 합세하여 이 운동의 주도적 역할을 다해야 할 것입니다."[88] 새마을운동은 곧 도시새마을운동, 공장새마을운동, 학교새마을운동, 직장새마을운동으로 가지를 쳐나갔다. 1972년에는 포괄적인 종합계획을 세워, 전국의 농촌마을을 발전단계에 따라 기

87. 새마을운동연구회 편, 『새마을운동 10년사』(서울: 내무부, 1980), p. 207.
88. 박정희, 「대학인, 지식인도 새마을운동에 참여하자」, 대통령비서실 (편), 『새마을운동: 박정희대통령연설문집』(서울: 대통령비서실, 1978), p. 182.

초마을, 자조마을, 자립마을로 나누었고, 정부 지원의 유형과 양도 그에 맞춰 제공되었다. 또한 1971년에서 1981년까지의 10년간을 기초단계, 자조단계, 자주단계로 나눠 모든 농촌마을을 자주마을로 발전시키는 계획을 세웠다.

정부는 모든 것을 새마을운동화하면서 자기 스스로도 새마을운동화했다. 처음에는 내무부가 새마을운동을 주도했으나, 곧 다수의 부처에서도 새마을운동과 관련된 사업을 수행했다. 통합과 조정이 필요했고, 1972년 3월 7일 정부 안에 새마을운동중앙협의회를 세웠다. 처음에는 15개 부처가 참여했으나, 1975년 5월 30일에는 7개 부처가 더 참여해 내무부 장관과 22개 부처의 차관으로 구성된 협의회가 성립되었다. 이 협의회는 1990년 5월 3일까지 존속했다. 1977년 2월 21에는 유사한 명칭의 민간기구가 만들어졌고, 이 조직은 새마을운동중앙본부(현 새마을운동중앙회)의 모태가 되었다.

새마을운동의 또 다른 주요한 엔진은 새마을지도자연수원이었다. 정부는 새마을 지도자의 중요성을 일찍부터 깨달았다. 정부는 1971년에 무상 시멘트 사업을 점검하면서, 33,267개 마을 가운데 16,600개 마을이 예상보다 더 큰 성공을 거두었고, 성공과 실패를 결정한 가장 중요한 요인이 유능한 지도자의 유무였음을 발견했다. 박정희 대통령은 관련 부처에 새마을 지도자들을 체계적으로 교육시킬 수 있는 상설 기관을 만들도록 지시했고, 그리하여 1972년 1월 14일 독농가연수원이 세워졌다. 독농가연수원은 다음 해에 새마을지도자연수원으로 개칭되었다. 교육 대상은 농민들뿐만 아니라 여성, 학생, 교수, 사회지도자, 기업인, 고위 관료, 심지어 국무총리까지 포함했다. 1972년 1월 14일에서 1981년 4월 21일까지 새마을지도자연수원은 총 362회에 걸쳐 42,073명을 교육했다.[89] 예비군훈련장에서의 아주 형식적인 새마을교육과 달리, 새마을지도자연수원의 새마을교육은 김준이라는 헌신적이고 걸출한 원장의 존재로 인해 대단히 효과적이고 내실이 있었던 것으로 알려져 있다.

<표 2> 1970년대 새마을운동 현황

연도	참가 마을수	참가자수 (1,000)	사업수 (1,000)	총투자액 (1억)	정부 지원 (1억)
1971	33,267	7,200	385	122	41
1972	34,665	32,000	320	313	33
1973	34,665	69,280	1,093	984	215
1974	35,031	106,852	1,099	1,328	308
1975	36,547	116,880	1,598	2,959	1,653
1976	36,557	117,528	887	3,226	1,651
1977	36,557	137,193	2,463	4,665	2,460
1978	36,257	270,928	2,667	6,342	3,384
1979	36,271	242,078	1,788	7,582	4,252

자료: 새마을운동연구회(편), 『새마을운동 10년사』

새마을운동의 성과는 일단 외형적으로 보면 대단히 놀랍다. <표 2>는 1970년대에 전개된 새마을운동의 주요 일반 현황을 보여준다. 사실상 한국의 모든 마을에서 새마을운동 사업이 진행된 것을 볼 수 있으며, 새마을운동 사업에 참가한 연인원은 1978년에 무려 2억7천만 명에 이르렀다. 새마을사업에 투자된 액수와 정부지원금도 1979년 현재 각각 7,582억과 4,252억에 달했다. 물론 이 높은 수치에는 일정한 과장이 있다고 보아야 한다. 뿐만 아니라 박정희 정부는 새마을

89. 박병원 (편), 『새마을지도자연수원 10년사: 1972-1981』(서울: 새마을지도자연수원, 1982), p. 29.

운동을 국정의 최우선순위로 두면서 각 부처의 다양한 사업을 모두 새마을사업으로 이름 붙였기 때문에, 새마을운동이 아니더라도 진행되었을 사업이 새마을사업에 포함되었다. 하지만 이러한 거품을 감안하더라도 상당히 놀라운 수치임에는 틀림이 없다.

<표 3> 주요 새마을사업의 성과

사업	1971년에 설정된 목표	1979년까지의 성과	달성률(%)
마을 안길 확장(km)	26,266	43,506	165
농로 개설(km)	49,167	61,201	124
소교량 가설	76,749	76,195	99
마을회관	35,608	35,950	101
소류지	10,122	13,079	129
보	22,787	29,131	128
도수로(km)	4,043	4,881	121
소하천 정비(km)	17,239	9,180	53
주택 개량(1,000가구)	544	185	34
농어촌전화(1,000 가구)	2,834	2,777	98
새마을공장	950	666	70
마을 조림(ha)	967,362	569,804	59

자료 : 새마을운동연구회(편), 『새마을운동 10년사』

<표 3>은 주요 새마을사업의 성과를 나타낸 것이다. 이 표는 농로, 저수지, 수로 같은 마을 수준의 주요한 농업 인프라 사업이 당초 설정된 목표를 대부분 초과 달성되었음을 보여주고 있다. 1970년대 초, 중반까지만 해도 다수의 농어촌 마을은 호롱불로 간신히 저녁을 밝히다가 곧 잠을 청해야 했지만, 1979년에 이르러 거의 모든 마을에 전등이 도입되었다. 새마을운동을 잘 기억하고 있는 성인들이라면 다소 놀랄 것이 주택 개량 부분이다. 새마을운동을 상징하는 것 가운

데 하나가 초가지붕을 뜯어내는 것이었기 때문에, 주택 개량 달성률이 34%밖에 되지 않는 것은 다소 의외이다. 주택 개량은 거의 전적으로 개인의 부담으로 이루어졌다는 것이 주된 이유겠지만, 지붕 개량에 대한 저항도 한 가지 요인이 아니었을까 추측된다. 전영우라는 새마을지도자가 다음과 같은 글을 남기고 있기 때문이다.

> 이 말을 듣고 개발위원들이 일시에 브로크를 찍어 여기저기서 담장을 개량하니까, 이것을 보고 주민들은 한 집 두 집 따라서 하게 된 것이 붐조성이 되어 담장개량은 성공적으로 끝났습니다. 그러나 지붕개량만은 삼살과 대장군이라는 미신 때문에 완강한 반대에 부닥쳤습니다. 저는 이 뿌리 깊은 미신을 깨치지 않고서는 마을의 발전은 어렵다는 것을 깨닫고 삼살과 대장군이 있다는 지붕부터 저 혼자 올라가 한 집두 집 지붕을 벗겨가며 목수를 대어 말끔히 개량하면서 외쳤습니다. "삼살과 대장군은 6·25사변 때 모두 죽어 없어졌다"고 말입니다.[90]

삼살이란 급사와 관련되어 있는 겁살劫煞, 송사와 관련되어 있는 재살災煞, 천재지변과 관련되어 있는 세살歲煞을 가리킨다. 최명희 선생의 『혼불』을 읽어 보면 한때 우리들의 집은 조상들의 신령과 온갖 귀신들이 함께 사는 의미의 공간이었음을 알 수 있다. 집은 삶의 출발지이자 종착지였고, 목적과 의미를 가진 우주 속의 한 점이었다. 집을 부수는 것은 그들이 알고 있는 우주의 질서를 부수는 것이었으며, 삼살의 악운을 부르는 것이었을 것이다. 새마을지도자들이 남긴 수기나 새마을운동 사례집을 보면 전영우 씨와 같이 새마을사업을 불도

90. 전영우, 「두 개의 자립마을을 이룩하기까지」, 『새마을』 77(8) : 21-34, pp. 24-25.

저처럼 밀어붙인 사람들이 어느 정도 있었던 것으로 짐작된다. 하지만 모두가 그와 같았으리라고는 생각할 수 없다. 저항이 상당했을 것이고, 적지 않은 새마을지도자들은 이와 같은 분규를 피하려 했을 것이다.

마을길을 곧게 확장하는 사업도 가옥이나 담장의 일부를 부수거나 농지를 수용해야 하는 문제가 따랐기 때문에, 적지 않은 갈등을 불러일으켰던 것으로 보인다. 한대근이라는 새마을지도자는 "조상 전래의 문전옥답을 내어주고 쪼개고 가르는데 좋아할 사람이 어디 있겠습니까? 새끼줄을 띠고, 가래를 대었을 때 이미 토지 희사 각서에는 도장을 찍었지만 무슨 소용이 있겠습니까? 따귀를 치고 멱살을 잡고 뒹굴고 하는 광경은 차마 볼 수가 없었습니다"[91] 라고 말하고 있다. 내무부에서 펴낸 『영광의 발자취』라는 새마을운동 사례집은 총 350개 마을의 새마을운동을 다루고 있다. 이에 따르면, 마을길 확장에 따른 토지 수용 문제가 제기되었을 때, 보통 물질적 보상을 해주거나 새마을지도자가 스스로 토지를 기부해 다른 사람들의 기부를 유도함으로써 문제가 해결되고 있다. 물론 끝까지 토지 기부를 거부한 경우도 있었다. 이에 새마을지도자는 그 집 앞만 빼놓고 도로를 포장한 후, 그 집 주인에게는 포장도로로 다니지 못하게 했고, 결국 굴복을 받아내었다. 하지만 이런 극단적인 경우는 소수에 불과했던 것 같고, 금전적 보상과 자발적 혹은 반강제적 기부가 대체적인 문제해결 방식이었던 것으로 보인다.

91. 한대근, 「이상촌을 향한 꿈의 실현」, 『새마을운동』 1976(통권 제6호), p. 61.

하면 된다: 열정적 행동주의

새마을운동 하면 가장 먼저 생각하는 것이 무엇이냐고 묻는다면, 적지 않은 사람들은 "하면 된다"를 꼽을 것이다. "하면 된다"는 근대 행동주의activism의 극적 표현이다. 행동주의란 우리 자신의 자유의지로 자연과 사회를 변혁하고 우리 삶을 우리 스스로 열어가는 태도이다. 서구의 경우 자유의지에 기초한 행동주의는 르네상스시대에 본격적으로 등장했다. 르네상스 철학의 전문가 카시러는 운명의 여신 포르투나에 대한 신구 이미지를 이렇게 대비시킨다. "수레바퀴가 인간을 붙잡고 끌고 가며 때로는 들어올리고 때로는 나락으로 던지는 포르투나의 옛 이미지는 이제 포르투나를 **범선**으로 묘사하는 사태에 자리를 물려준다. 그리고 이 범선은 포르투나에 의해서만 제어되지 않는다—다름아닌 인간이 이 범선을 조타하고 있다."[92] 마키아벨리 역시 『군주론』에서 포르투나가 인간 행위의 절반의 주재자이고 나머지 절반은 인간 자신이 주재자임을 주장함으로써 인간의 자유의지를 강조한다. 르네상스 인간은 섭리의 영역에 절반 침투했다. 혹은 그는 신의 속성을 훔치기 시작했으며, 가장 중요한 신의 속성은 물론 자유의지와 행위이다. 르네상스 이래 철학자들은 점점 더 신의 속성을 인간 속으로 은밀하게 집어넣기 시작했으며, 이러한 신성모독은 데카르트에게서 정점에 이른다. 데카르트는 스웨덴 여왕 크리스티나에게 보내는 서한에서 이렇게 말하고 있다.

92. Ernst Cassirer, *The Individual and the Cosmos in Renaissance Philosophy* (Oxford: Basil Blackwell, 1963), p. 77. 강조는 원문.

이제 자유의지는 그 자체로 우리가 가질 수 있는 가장 고귀한 것입니다. 자유의지로 인해 우리는 어떤 면에서 하느님과 동등하게 되고 그분의 신민됨에서 벗어나게 되기 때문입니다. 그리하여 자유의지의 올바른 이용은 우리가 가진 모든 재화 가운데 가장 위대한 재화이며, 그것보다 더 우리 자신의 것인 게 없고 그것보다 더 우리에게 중요한 것이 없습니다. 따라서 자유의지 이외에 어떤 것도 우리에게 최대의 만족을 낳아줄 수 없습니다.[93]

하느님의 신민이 역사의 주체가 되어God's subject becomes the subject of history, 세계를 자유롭게 변혁하고 새로운 창세기를 연다. 데카르트와 더불어 행위는 근대의 지울 수 없는 표징이 되었다.

그러나 후기 경제개발은 때로 이러한 일반적 의미에서의 행동주의보다 훨씬 더 열정적인 행동주의를 요구한다. 이를 통해 사람들은 아주 높이 고양된 의식을 표출하고 억누를 수 없는 에너지를 경제개발 활동에 쏟아 붓는다. 이를 빼어난 언어로 표현한 사람이 거셴크론이다.

후진국에서 정체停滯의 장애물을 뚫고 나가기 위해서는, 사람들의 상상력에 불을 붙이기 위해서는, 그들의 에너지를 경제발전에 복무하도록 하기 위해서는, 더 나은 자원분배나 더 낮은 빵가격을 약속하는 것보다 더 강한 약이 필요하다. …관습과 편견의 산을 무너뜨리는 데 필요한 것은 신념이다. 생시몽의 표현을 빌리면, 황금시대는 인류를 지나가버린 것이 아니라 인류 앞에 놓여 있다는 신념 말이다. …그러나 선진국에서 산업화 정책을 위한 합리적 주장은 유사 종교적 열정에 의해 보충

93. Charles Taylor, *Sources of the Self: The Making of the Modern Identity* (Cambridge: Harvard University Press, 1989), p. 147에서 재인용.

되지 않아도 된다. …후진국에서 거대하고 급속한 산업화 노력은 감정의 뉴딜을 요청한다. 거대한 변혁을 수행하는 사람들은 물론 이 변혁으로 인해 부담을 지는 사람들도…과거를 산산조각 내면서 새로운 시대가 온다는 것을…느껴야 한다.[94]

후기 경제발전에는 종교적 영감을 받은 인간 노력 같은 것이 필요하다고 주장한 사람이 거센크론만이 아니다. 칸 역시 후기 경제발전에서는 "사람들의 머리와 마음을 붙잡고 동력화하려는 순순한 노력"이 필요하다고 강조하면서, 개발은 '종교적' 문제, '정체성과 실존적 의미'의 문제가 되어야 한다고 주장한다.[95] 사실 칸은 박정희 대통령과 가까웠던 학자로 알려져 있는데, 어쩌면 칸의 이러한 주장은 박정희 대통령을 지켜보며 얻은 결론일지도 모른다. 박정희 대통령의 저서에는 개발을 종교적 문제로 격상시키는 구절들로 가득하다. 예컨대 그는 『민족중흥의 길』에서 이렇게 말한다. "기적은 행동에서 이루어지는 것이며, 하고야 말겠다는 인간의지와 노력으로 얻어진다. 경제발전은 결국 사람이 시작해서 사람이 끝내는 것이다. … 이러한 자원을 활용하기 위해서는 무엇보다도 우리 국민 가운데 강력한 자립에의 의지가 있어야 하며, 아울러 '하면 된다'는 자신이 형성되어 있어야 하는 것이다."[96]

이처럼 새마을운동은 종교적 열정에 버금가는 열정적 행동주의로 가득 차 있었고, 보통 사람들이 쓴 수많은 성공 스토리를 만들어내었다. 이 스토리들은 평범한 농부들, 때로는 농촌 여성들이 우연히 새마

94. Gerschenkron, 앞의 책, p. 24

95. Khan, 앞의 책, pp. 138-9.

96. 박정희, 『민족중흥의 길』(서울 : 광명출판사, 1978), p. 89.

을지도자가 되어 초인적인 개인적 집단적 노력을 통해 수많은 도전과 간난을 극복해 나가는 기적의 인간 드라마였다. 최진규라는 어느 새마을지도자의 수기에서 우리는 그 편린을 읽을 수 있다.

> 지난 69년 군에서 제대하고 돌아와 보니 마을은 조금도 발전되지 않고 오히려 술타령, 도박, 미신 등이 악마떼처럼 우리 마을을 비참하게 만들고 있었습니다. …71년 새마을의 불길은 마침내 잠자던 우리 마을에도 불붙기 시작했습니다. 서투른 협동작업, 옹고집과 이기심의 갈등, 씨족 및 빈부간의 알력, 아집 등은 산을 깎고 바위를 부수는 것보다 더한 어려움을 안겨 주었습니다. 저주스런 욕설과 온몸에 오물을 확확 끼얹는 것 같은 수모를 참아가면 측은하리만치 매달리며 끈질긴 호소로 생명보다 더 아끼는 토지의 무상 희사도 받게 되어 하면 된다는 신념을 갖게 되었습니다.[97]

새마을운동이 낳은 가장 유명한 영웅의 한 명인 하사용 역시 한 중학생에게 보내는 답장에서 이렇게 말하고 있다. "가난만큼 무서운 것은 없다네. …그러나 정군! 사람의 의지와 노력은 그 무서운 가난도 이길 수 있다고… 생각하네. 그러니까 더욱 무서운 것은 인간의 힘이라네. …나는 그 가난을 최대의 적으로 알고 지금도 싸우고 있는 중이라네."[98] 이처럼 고난과 극복은 새마을운동에서 표출된 열정적 행동주의의 두 가지 중요한 요소였다. 이것은 농촌마을은 물론 공장에

97. 최진규, 「집념의 결실」, 『새마을운동』 1974(통권 제2호), pp. 49-50.
98. 김보현, 「박정희시대 국가의 통치전략과 기술: 1970년대 농촌 새마을운동을 중심으로」, 오유석 엮음, 『박정희 시대의 새마을운동: 근대화, 전통 그리고 주체』 (서울: 한울, 2014), p. 296에서 재인용.

서도 표출되었다. 1979년 당시 한일합섬 방적과 사원으로 밤에는 한일여실을 다니며 주경야독을 하던 안경매는 「보람과 긍지를 심는 일터」라는 수기에서 한일여실의 교시를 인용하고 있다. "어떠한 시련과 곤궁도 이를 극복할 수 있는 소녀 이외에는 이 교문을 들어설 수 없다."[99] 열정적 행동주의는 남성에게만 국한된 것이 아니라 여성에게도 확대되었다. 예산군 광시면 신대리 부녀지도자의 말이다. "세상물정을 모르고 남성의 예속물로만 아는 우리 여성들, 봉건제도와 남존여비사상을 타파하고 우리 여성의 힘으로 이상촌을 만들어 살기 좋은 마을을 만들기로 결심했습니다."[100] 행동주의는 1970년대에 제각각 삶의 길을 걸어나가는 모든 사람들에게로 퍼져나갔다.

근대 행동주의는 자연과의 투쟁을 특징으로 한다. 새마을운동은 우리에게 자연과의 투쟁에 관한 수많은 이야기를 남겼다. 1960년대까지도 천수답과 수리불안전답의 비율이 높았던 한국의 농촌은 가뭄을 극복하는 것이 가장 큰 과제였다. 박정희 대통령은 심한 가뭄이 든 1968년에 "우리는 선대 조상들이 '천재天災는 불가항력이요 농사는 하늘이 지어주는 것'이라는 체념 하에 무기력 속에서 천후天候만 바라보며 요행을 바라던 수치스러운 유산을 청산할 때가 왔다. 이 땅에서 보리고개를 몰아냈듯이 가뭄도 몰아내야 한다"고 말했다.[101] 박 대통령의 말은 1970년대에도 많은 사람들의 입에서 반향되었다. 가장 생생한 예의 하나는 거창의 어느 새마을지도자의 말이다.

옛말에 '천생증민天生蒸民'이라는 말이 있습니다. 하늘이 만백성을 살린

99. 안경매, 「보람과 긍지를 심는 일터」, 『새마을』 1979(7), p. 135.
100. 정택희, 「말대로 행하는 성실한 실천」, 『새마을운동』 1975(통권 제3호), p. 64.
101. 새마을운동연구회 편, 『새마을운동 10년사』, p. 347에서 재인용.

> 다는 말입니다. 우리는 너무나 하늘에 순종합니다. 하늘을 이겨서 기적을 만들 줄은 모릅니다. '순천자는 흥한다. 역천자는 망한다'는 말이 있습니다. 그러나 우리는 자연을 극복하여 하늘을 이겨서 '순천자는 망한다. 역천자는 흥한다'고 말을 뒤집어야 되겠습니다. 가물면 웅덩이를 팝시다. 보를 막읍시다. 댐을 만듭시다. 그리하여 만년풍년을 만듭시다. 하늘은 스스로 돕는 자를 돕는다는 이론이 새마을정신의 근면, 자조입니다. 옛날에는 '대복은 재천, 소복은 재근'이라 하였으나 이것은 거짓말입니다. '대복도 재근, 소복도 재근'입니다. 이것이 새마을정신의 근면입니다.[102]

오늘의 우리에게 그의 말은 다소 과장된 것처럼 들리지만 사실 아주 진지한 말이었다. 왜냐하면 1978년 전국적으로 심한 가뭄이 들어 농민들이 도랑과 우물을 파 가뭄과 싸우고 있을 때, 당시 어느 언론사의 편집부국장으로 새마을연수원 사회지도자반에서 연수를 받던 사람이 이를 새로운 현상으로 보았기 때문이다.

> 농민들은 이번 가뭄 때 기우제나 지내고 하늘만 우러러 비를 기다리고만 있지는 않았습니다. 곡괭이와 호미를 들고 수로를 만들었고 땅을 파서 양수기를 돌렸고 우물을 끈질기게 팠습니다. 옛날 같으면 어디 그랬습니까. 누구 때문에 하늘이 노해서 비를 안 내려 주신다느니 x감록에 뭐라고 쓰여 있느니 하여 모든 자연현상은 인간으로서는 해결할 수 없다는 체념 속에 빠지는 것이었습니다. 그러나 이번에는 사람이 할 수 있는 일을 다했습니다. '하면 된다'는 신념을 갖고 행동에 나섰습니다.[103]

102. 최남식, 「소박한 과학적 사고방식의 결실」, 『새마을운동』1975(통권 제3호), pp. 59, 60.
103. 김용태, 「마음의 가물을 이겨 나가자」, 『새마을운동』1978(통권 제13호), p. 65.

어떤 경우에 열정적 행동주의는 종교적 색채를 띠었다. 특히 새마을연수원에서 연수를 받은 사람들 중에 연수의 영향 때문인지 종교적 감정을 분출하는 경우가 꽤 있었다. 새마을지도자반 47기생인 한 새마을지도자는 연수생활 감상록에 "신앙! 그렇다. 새마을운동은 바로 나의 신앙이다"[104] 는 말을 남기고 있다. 1978년 새마을지도자반 제62기 연수생은 새마을운동의 광신도가 되겠다고 약속했다. "나는 개조된 마음과 정신을 다하여 농심과 백탄의 자세로 내 부락 발전의 등불이 될 것을 다시 한 번 각오하며 약속한다. 정신을 쏟아 실천하고 미래를 항상 연구 실천하는 미치광이가 될 것을 거듭 다짐합니다."[105] 같은 기수의 새마을지도자는 개종과 재탄생의 경험을 했다. "49년 전 나는 사망하고 1977년 11월 23일 나는 다시 탄생하였다. 나는 새마을지도자로서 자부해 왔으나 정말 부끄럽기 짝이 없다. 이 곳에서 연마한 산교육을 통해 이 생명 다하도록 열심히 뛰겠다."[106] 아마도 가장 뜨거운 신앙고백은 송재령이라는 새마을지도자에게서 나오는 것 같다.

> 먼 훗날 우리의 후예들이 우리가 심고 씨 뿌려 두었던 싱싱하고 푸른, 그리고 향기 짙은 꽃을 보면서 한 아름의 수확의 보람을 안을 때 내 선조의 새마을정신 그리고 그 행동철학을 받들어가야겠다는 숭고한 민족신앙을 우리는 새마을나무를 심어 포교해야 한다고 믿습니다. …그리하여 우리가 살아서도 새마을, 죽어서도 새마을 하는 순교자가 되어

104. 한경진, 제목 없음, 『새마을운동』 1977(통권 제8호), p. 176.
105. 진병선, 제목 없음, 『새마을운동』 1978(통권 제12호), p. 152.
106. 추윤한, 제목 없음, 『새마을운동』 1978(통권 제 12호), p. 153.

야겠습니다.[107]

오늘 우리의 눈에는 아주 과장된 것으로 보이는 이러한 토로는 새마을연수원 김준 원장의 교육철학에서 영향을 받은 것으로 보인다. 그의 교육철학에는 종교적 요소가 많았다. 예컨대 그는 이런 말을 남겼다.

생명은 신생과 창조, 부활과 재생의 신비로운 힘을 간직하고 있다. 우리는 이 신비로운 힘, 생명력을 잘 키우고 가꾸어 나가야 한다. …우리의 생명 속에는 위대한 싹이 깃들인다. 어느 생명이나 왕성한 신비의 생명력이 있다. 우리는 이 생명력을 최대한으로 키우고 개발해야 하며, 부단히 자기를 창조해 나가야 한다. 창조적 행동만이 우리의 생활을 향상시키고 사회와 문화를 발전시키는 원동력이요, 참다운 생명력이다. 창조는 안일과 나태 속에서는 이루어지지 않는다. 고난과 역경과 백련천마百鍊千磨의 노력이 뒤따라야 한다. … 새마을운동은 생명운동이다. 마을과 사회, 국가는 모두가 다 내 생명의 확대요, 보다 큰 나의 생명체이다. 자연과 인간도 모두 하나요, 유기적 생명체이다. 우리 모두 양심의 자유인이 되어 우리의 생명을 촉진시키고, 정화시키고, 생명을 존중하는 그러한 사회와 문명을 창조해 나가자.[108]

의로운 일에는 저항이 따르며, 저항이 없으면 운동이라 할 수 없다. 역사는 무사태평한 속에서 안이하게 이루어지지 않는다. 수많은 시련과 고난을 뚫고 나아가야 하는 의로운 길은 외롭고 고달프다. 그러나 그

107. 송재령, 「새마을운동에 미친 지도자」, 『새마을운동』 1975(통권 제4호), pp. 114-5.
108. 김준, 「생명력」, 『새마을』 1979(2), pp. 60, 61.

길은 생명의 길이다. 새마을운동은 대지의 모태 위에서 끊임없이 생성 발전되어 가는 생명운동이다. 물은 괴어 있으면 썩고 생명은 쉬면 죽는다. 민족중흥을 일으키고 한뜻을 이루기 위하여 우리 민족의 가슴 속에서 솟구치는 의지의 원천이 메말라 붙기 전에는 새마을운동은 쉴 수 없고, 그 열기가 식을 수도 없다.[109]

종교적 향기가 짙은 그의 철학은 실제의 연수과정에서 효과적으로 전달된 것 같다. 한 익명의 연수생은 "교회에서 심령부흥회를 아주 은혜스럽게 가진 심경"[110] 이라고 적고 있기 때문이다. 이처럼 새마을운동은 경제개발에 대한 거셴크론적인 유사 종교적 열정을 보통 사람들에게 불어넣었다. 이러한 열정으로 새마을운동은 새로운 인간을 탄생시키고자 했다. 새마을운동이 설정한 새로운 인간상은 주체인상, 창조인상, 개척인상, 협동인상, 생활인상이었다.[111] 새로운 인간은 극히 행동적이고 로스토우가 말하는 '장기적 숙명주의'long-run fatalism를 정복하는 사람이었다. 장기적 숙명주의란 "손자들에게 열려 있는 가능성의 범위는 조부모에게 열려 있었던 가능성의 범위와 대략 같을 것이라는 가정"[112]이다. 쉽게 말해 내일의 삶도 오늘의 삶과 다르지 않을 것이라는 가정이다. 내일의 삶이 오늘의 삶과 다르지 않다면, 우리는 오늘 애써 땀 흘려 노력할 필요가 없다. 1978년 당시 문화공보부 공보국장이던 사람은 어쩌면 로스토우의 책을 읽었을지도 모

109. 김준, 「생명은 쉬지 않는다」, 『새마을』 1979(6), p. 66.

110. 이름 없음, 「연수생활 감상록 중에서」, 『새마을운동』 1975(통권 제4호), p. 184.

111. 새마을운동연구회 편, 『새마을운동 10년사』, pp. 139-47.

112. Walt Rostow, *The Stages of Economic Growth*: *A Non-Communist Manifesto* (Cambridge: Cambridge University Press, 1960), p. 5.

른다. "…아버지가 살던 바로 그 초가에서, 할아버지가 경작하던 그 밭에서 조상 대대로 전해 오는 영농기구와 방식으로 농사짓고 사는 마을이 저절로 부자가 될 것을 어떻게 기대할 것인가?"[113] 라고 묻고 있기 때문이다. 이러한 생각을 하고 있는 사람들에게 역사는 단지 주어진 것일 뿐이다. 그러나 역사는 창조되는 어떤 것이다. 1970년대에 많은 한국인들은 열정적 행동주의로 무장하며, 자신들이 새로운 시대를 창조하고 있다고 믿었다.

근면한 노동과 절약의 삶

한나 아렌트의 한탄에도 불구하고, 근면한 노동은 근대 사회의 가장 중요한 윤리 가운데 하나이다. 근면한 노동 자체는 근대에 특유한 현상이 아니라 오랜 인간 역사 전체에 걸쳐 존재했다. 하지만 근면한 노동의 '윤리'는 근대 특유의 것이다. 근대 이전에 노동을 그 자체로 존중한 사회는 거의 없었다. 고대 그리스인은 노동을 무엇보다 노고toil로 보았다. 노동을 뜻하는 'ponos'는 또한 노고, 곤란을 뜻하기도 했다. 노동은 또한 어떤 여분의 것이었다. 직업을 뜻하는 'ascolia'를 뜻하는 여가를 뜻하는 'scholē'에서 파생된 말이었기 때문이다.[114] 아리스토텔레스는 고대 그리스인의 노동관을 그대로 반영해, 삶 전체를 행위와 여가로 나눈 후, 행위를 다시 '그저 필요한 행동'merely necessary act과 '원래 좋은 행동'intrinsically good act으로 나누었다. '그저 필

113. 김동호, 「나를 찾자, 그리고 나를 알자—자주정신의 확립을 위해」, 『새마을』 78(4), p. 18.
114. Adriano Tilgher, *Homo Faber: Work through the Ages* (Chicago: Henry Regnery Company, 1958), p. 3.

요한 행동'은 '원래 좋은 행동'을 위한 수단이고, '원래 좋은 행동'은 '여가'를 위한 수단이었다. 따라서 노동은 삶에서 가장 낮은 위치를 차지했다.[115] 로마에서도 'otium cum dignitate'(존엄성 있는 여가)라는 표현이 드러내듯이 노동은 천시되었다.[116]

유대-기독교 전통은 노동에 대해 양면적인 태도를 물려주었다. 구약에서 하느님은 세계의 창조에서 보듯이 능동적으로 일하는 존재active worker로 묘사되고 있지만, 다른 한편으로 인간은 노동을 죄에 대한 벌로 부과 받았다. 사도 바울은 "일하지 않는 자는 먹지 말라"고 훈계했지만, 노동의 결실이라 할 수 있는 이자, 이윤, 부에 대해서는 윤리적 정당성을 부여하지 않았다. 유대-기독교 전통이 이러한 양면성에서 완전히 벗어난 것은 루터와 칼뱅의 종교개혁이 일어나면서였다. 특히 칼뱅은 노동을 구원 받은 자의 표징으로 봄으로써 노동을 그 자체로 고귀한 것으로 격상시켰다.

근대의 도래와 더불어 노동은 삶의 배타적 중심으로 부상했다. 삶은 무엇보다 노동하는 삶이 되었다. 이에 따라 노동에 대한 존중은 전 방위적으로 진행되었다. 루터와 칼뱅이 종교영역에서 노동을 최고의 덕목으로 보는 길을 닦았다면, 철학영역에서는 로크, 헤겔, 마르크스 같은 사람들이 노동을 자기 철학의 주요 요소로 삼았다. 예컨대 로크의 재산권 이론은 원시적 형태의 노동가치설에 기초해 있다. 인간이 자연에서 생산한 모든 것은 그가 자연에 자신의 노동을 합체해 생산한 것이고, 노동이 그 자신만의 재산인 한, 생산된 모든 것도 그 자신만의 재산이라는 것이다.[117] 한편 정치경제학에서는 로크 이래

115. Aristotle, *The Politics of Aristotle* (London : Oxford University Press, 1958), p. 317.

116. Jacques Le Goff, *Time, Work, and Culture in the Middle Ages* (Chicago : The University of Chicago Press, 1980), p. 73).

케네, 스미스, 리카도, 마르크스가 보다 정교한 노동가치설을 정립하며, 노동을 근대 경제의 중심에 놓았다. 마지막으로 볼테르와 디드로 같은 계몽사상가들은 사회사상영역에서 노동에 삶의 중심적 지위를 주었다. 예컨대 볼테르는 『캉디드』의 마지막에 이렇게 쓰고 있다.

> "나도 알아." 캉디드가 말했다. "우린 우리의 정원을 경작해야지."
> "맞아." 팡글로스가 답했다. "인간이 에덴동산에 놓여졌을 때, 거기에 놓여진 건 '그걸 경작하기 위해서였지' ut operaretur eum. 이게 그가 여가를 위해 태어나지 않았다는 걸 증명하는 거지."
> "우리 깊이 생각지 말고 일하자." 마르탱은 말했다. "그게 삶을 참을 만한 것이게 하는 유일한 길이야."[118]

이는 노동에 대한 열정적인 찬사는 아니지만, 중요한 의미에서 노동에 대한 가장 깊은 긍정이다! 과연 무엇이 삶을 참을 만한 것이게 할 수 있겠는가? 아무튼 이 인용문에서는 여가와 노동의 아리스토텔레스적 위계가 완전히 역전되는 것을 볼 수 있다.

동아시아에서도 역시 노동은 오랫동안 천시되어 왔으며, 이는 특히 사농공상이라는 유교적 신분질서에 그대로 반영되었다. 그러므로 새마을운동에서 노동에 대한 유교적 천시가 공격의 주된 대상이 되었던 것은 우연이 아니다. 사실 박정희 대통령 자신이 유교에 대한 공격과 노동에 대한 존중의 선두에 섰다. 그는 이미 『우리 민족의 나갈 길』과 『국가와 혁명과 나』 같은 1960년대 초반의 저작에서 유교

117. John Locke, *Two Treatises of Government* (Cambridge : Cambridge University Press, 1988), pp. 287-8.

118. Voltaire, *Candide* (New York : Modern Library, 2005), p. 119.

와 조선사회를 맹렬히 공격하며, 자립정신, 개척정신, 진취적 정신과 같은 근대적 덕목을 강조했다. 특히 『국가와 혁명과 나』의 마지막 부분에는 그가 직접 썼다는 시가 나온다.

> **땀을 흘려라!**
> **돌아가는 기계 소리를**
> **노래로 듣고**
> ……
> **이등 객차에**
> **불란서 시집을 읽는**
> **소녀야.**
> **나는, 고운**
> **네**
> **손이 밉더라**
>
> 우리는 일을 하여야 한다. 고운 손으로는 살 수 없다.
> 고운 손아, 너로 말미암아 우리는 그만큼 못살게 되었고, 빼앗기고 살아왔다.
> 소녀의 손이 고운 것은 미울 리 없겠지만, 전체 국민의 1% 내외의 저 특권 지배층의 손을 보았는가. 고운 손은 우리의 적이다.[119]

이 문학소녀는 한국의 근대화에 해로운 다양한 해악을 상징했다.

119. 박정희, 『국가와 혁명과 나』(서울: 도서출판 지구촌, 1997[1963]), pp. 275-6. 강조는 원문.

이 소녀의 자리에 양반이 있어도 아무 잘못이 없다. 그녀의 고운 손은 유교 경전을 넘기는 양반의 손일 수도 있었으며, 이런 손은 한국 산업화의 길을 닦을 수 없었다. 새로운 한국을 위해서는 피와 땀과 눈물이 필요했다. "'**피와 땀과 눈물을 흘리자!**' 기름으로 밝는 등은 오래 가지 못한다. '피'와, '땀'과 '눈물'로 밝히는 등만이 우리 민족의 시계를 올바르게 밝혀줄 수 있는 것이다."[120] 산업화의 도정에 올라 있는 한국은 경제 향상에 '창의적인 의욕'이 전혀 없었던 양반을 미워해야 했다. 한국인이 국민성을 근본적으로 개조하여 '경제지상 관념'을 세우고 그에 입각해 행동하지 않는다면, 강력한 민족국가 건설은 한갓 공염불에 불과할 것이다. 그리하여 한국의 행동강령은 '경제지상', '건설 우선', '노동 지고至高'가 되어야 한다.[121] 그의 마지막 저작에서도 근면이 새마을운동과 경제발전에 얼마나 중요한지를 다시 한 번 강조하고 있다.

> 확실히 우리는 근면의 정신을 생활 속에서 실천하면서 일 자체에서 기쁨과 행복을 찾아가고 있다. 어느 시대, 어느 사회를 막론하고 일과 노동은 인간이 가진 가장 근원적인 생활의 수단이며, 빈곤을 물리치는 최강의 무기이다. 인류가 향유하고 있는 고도의 물질문명과 정신문화는 그 모두가 인간의 노동에서 비롯된다고 해도 지나친 말은 아니다. 노동을 천하게 여기고, 일의 기쁨을 이해하지 못하는 사회에서는 건전한 발전이 이룩되기 어렵다.[122]

120. 위의 책, p. 276. 강조는 원문.
121. 위의 책, pp. 255, 256, 271.
122. 박정희, 『민족중흥의 길』, p. 100.

나태에 대한 공격과 근면의 요청이 최고 지도자나 고위 관료, 정치인에게서만 나온 것은 아니다. 새마을지도자이기도 했던 어느 목사는 자신이 마을에 처음 왔을 때의 마을 모습을 이렇게 묘사했다.

> 주민들은 비교적 순박한 듯 보였으나 나태하였고 온갖 퇴폐한 습성이 몸에 젖어 있었고 틈만 있으면 주막에 모여 앉아서 세월 가는 줄 모르고 음주나 도박, 잡담을 일삼아 무언가 새로운 영역을 찾아 전진하려는 기색은 추호도 엿보이지 않는 마을 어쩌면 모든 것을 포기한 체념상태라고 느꼈다. 온지 얼마 안 되어 나는 이 마을이 오랫동안 서로 불신하고 불화하는 풍습에 젖어 있음을 알게 되었고 서로 작당하여 파벌을 만들어 매사에 의견이 백출하고 시비가 분분하여 단합할 줄 모르는 악습이 있다는 것도 알게 되었다. 황폐한 들, 나태와 빈곤, 온갖 퇴폐의 마수가 짓누른 마을이로구나 하는 생각이 나의 가슴을 무겁게 짓눌렀다.[123]

마을에 대한 이러한 종류의 묘사는 새마을운동 수기에 수없이 등장한다. 나태함은 새마을지도자들이 근절해야 했던 대표적인 해악의 하나였다. 새마을연수원 새마을지도자반 제33기에 참여한 어느 농민은 연수원 생활감상록에 "큰 갓을 쓰고, 눈을 감고, 시상에 잠겨 하루해를 보내며 좌우로 몸을 흔들던 옛 양반과 같은 생활도 생각도 우리에게는 있을 수 없다"[124]고 선언했다. 도시의 산업 역군도 농민들 못지않게 열심히 일했다. 청년 노동자 이한순은 해산물 사업을 하던 아버지가 창고에 쌓아둔 오징어의 부패로 파산하는 바람에 중학교 진

123. 이인화, 「새마을목사」, 『새마을운동』 1974(통권 제2호), p. 16.
124. 권병엽, 「연수생활 감상록 중에서」, 『새마을운동』 1975(통권 제4호), pp. 170, 171.

학을 포기하고 1971년에 통조림 공장에 취직했다가 열여섯 살이던 1975년에 모범 연소 근로자로 선정되었다. 그는 이렇게 쓰고 있다. "독일의 비스마르크라는 정치가가 말한 것을 며칠 전에 책에서 본 적이 있다. '첫째도 일하라, 둘째도 일하라, 그리고 셋째도 일하라'라는 글을. 그리고 성격에서 들은 바 있는 일하기 싫어하는 자는 먹지도 말라는 귀절, 정말 일정한 노력의 대가를 지불하지 않고 돈을 번다는 것은 남의 돈을 빼앗는 것이나 다름이 없지 않은가."[125] 비스마르크의 원래 말은 "청년들에게 나는 세 가지 단어밖에 권고할 것이 없다—일하라, 일하라, 일하라"였다.

근면한 노동에 대한 강조는 절약과 저축에 대한 강조와 함께 진행되었다. 이미 <문화의 자리>를 논하는 곳에서 1970년대 저축률의 추이가 경제학적 합리성의 논리에서 벗어나 있음을 지적한 바 있다. 이는 1970년대에 절약과 저축에의 노력이 비합리적으로 전개되었기 때문이다. 다시 박정희 대통령의 말에서부터 시작해 보자. 1970년 제7회 저축의 날 치사에 나오는 말이다.

> 나는 국민 여러분들이 이 점을 깊이 명심하고 가정에서나 직장에서나 더욱 더 저축 증대에 힘써 줄 것을 당부합니다. 물론, 넉넉지 못한 소득과 가계에서 저축한다는 것은 매우 어려운 일임에 틀림없습니다. 그러나, 저축은 반드시 소득이 많아야 할 수 있는 것은 아닙니다. 적은 소득이라도 소비를 절약하면 얼마든지 저축을 할 수 있는 것이며, "티끌 모아 태산"이라는 말 그대로 적은 돈이라도 모이고 쌓이면 큰 사업 자금이 되어 투자를 확대할 수 있게 되는 것입니다. 문제는 우리들의 정신과 자세에 달렸다고 하겠습니다. 분수에 넘친 지나친 사치를 일삼거나

125. 이한순, 「폐허 위에서 일어서다」, 『새마을』 80(4), p. 118.

알찬 미래의 설계 없이 무계획하게 낭비만 한다면, 한 가정의 안정이나 국가의 발전은 기대할 수가 없는 것입니다. 우리는 우리의 생활 주변에서 낭비와 사치와 허욕의 폐풍을 없애야 합니다. 소비하고 남은 것을 저축하려 할 것이 아니라, 저축하고 남는 것을 소비하는 태도를 길러야 합니다.[126]

돈을 어느 정도 버는 사람이 저축하고 남는 것을 소비하는 것은 이해가 간다. 하지만 대다수 사람들이 돈을 별로 벌지 못하던 시절에 박정희 대통령의 권고를 따르려면 내핍을 체질화해야 한다. 1970년대에 나온 저축수기들은 초인적 내핍에 관한 이야기가 가득하다. 김정희는 시조부, 시부모, 시동생 넷이 있는 종가의 종부로 시집을 갔다. 시어른들이 연이어 별세했고, 제사를 한 해에 열세 번 지내야 했다. 고등학교 체육 교사이던 남편의 월급으로는 도저히 감당이 되지 않아 제사부터 줄여나가야 했다. 4대 봉제사를 가정의례준칙에 따라 2대로 줄였고, 술과 떡을 만들지 않았다. 작은 일용품조차 쪽지에 적어 두었다가 철저한 계획 아래 구매를 했다.[127]

내핍도 조금씩 나누어서 하면 더 쉬울 것이다. 티끌 모아 태산은 아주 흔한 내핍 분산형 저축 전략이었다. 강릉 내곡동의 부녀회장은 아침에 한 술씩 쌀을 모아 황소 한 마리를 키우게 되었다.[128] 새마을연수원 새마을지도자반 제18기 박기남은 마을에서 250만 원을 목표로 하루에 10원 씩 저금하는 운동을 펼쳤다. "75년도 사업으로 전 동

126. "제7회 저축의 날 치사," http://www.pa.go.kr/online_contents/speech/speech02/1306186_6175.html.

127. 김정희, 「철저한 지출관리」, 『새마을운동』 1977(통권 제6호), pp. 132-133.

128. 저자 미상, 「한 끼 한 술이 황소가 됐다」, 『새마을』 1975(10), pp. 57-9.

민이 매일 매 가구 10원 이상 저축운동을 전개하여 지금은 백만 원을 넘고 있습니다. …아침엔 조기청소, 낮에는 뒷골목정비사업, 오후에는 저축운동으로 일과가 끝납니다."[129] 부녀지도자반 제31기 김쌍금 역시 마을 부녀자들과 함께 절미 저축을 하고 남편들의 음주와 도박을 제지하며 가정의례를 간소화하는 것을 통해 한 푼의 돈이라도 절약하며 "자기 통장에 돈이 불어나는 재미"를 만끽할 수 있었다.[130]

헛된 돈을 쓰지 않는 좋은 방법은 가계부를 쓰는 것이다. 가계부 쓰기 운동이 퍼져나갔고, 여성저축생활중앙회에서는 1972년에 예산에 기초한 생활과 수입 내 지출을 권장하면서 특별한 가계부를 보급했다. 이 가계부는 수입의 15%를 저금하고 남은 돈으로 가계를 계획하게 했다.[131]

식량과 에너지의 상당 부분을 수입에 의존해야 했던 정부는 절미운동과 에너지 절약 운동도 적극적으로 펼쳤다. 우선, 한국인의 주식이던 쌀의 자급은 오랫동안 가장 중요한 국정과제의 하나였다. 쌀의 자급은 '녹색혁명'의 기치 아래 통일벼를 개발 보급함으로써 1976년에 마침내 성취되었다. 이러한 과학적 쌀 자급 노력은 쌀의 소비를 줄이고 보리와 밀 같은 기타 작물의 소비를 늘리려는 절미운동 및 혼분식장려운동에 의해 뒷받침되었다. 혼분식장려운동은 1960년대부터 진행되었으나, 1973년의 제1차 석유파동을 계기로 정부는 이 운동을 더욱 강하게 혹은 강권적으로 밀어붙였다. 여러 시책 중에는 "학생들의 도시락은 잡곡을 30% 이상 혼합하도록 한다"는 내용도 있었

129. 박기남, 「250만원 목표로 하루 10원 저축운동」, 『새마을운동』 1975(통권 제4호), p. 104.
130. 김쌍금, 「저축이 가져다준 감격」, 『새마을운동』 1978(통권 제12호), pp. 125-31.
131. 제주도여성특별위원회, 『제주여성, 일상적 삶과 그 자취』(제주도: 제주도여성특별위원회, 2002).

으며, 그래서 이 시기에 학창시절을 보낸 사람들은 모두 선생님에게서 도시락 검사를 받은 기억을 가지고 있다. 매주 수요일과 토요일을 쌀이 없는 날로 정하기도 했고, 쌀의 분정도를 10분도에서 9분도로 낮추기도 했으며, 정부는 혼합곡만을 방출했다.

에너지 절약은 제1차 석유파동을 계기로 절체절명의 과제가 되었다. 이 시점에서 에너지의 수입의존도는 56%에 이르렀다. 유가의 급등은 한국 경제를 빈사상태로 몰고 갈 수 있었다. 정부는 한 집 한 등 끄기, 텔레비전 낮방송 금지, 네온사인 규제, 실내온도 18도 이하, 자동차 경제속도 준수, 효율적 열관리, 근무시간 단축 등을 시행해, 1974년에 5,360만 달러에 상당하는 514만 배럴 가량의 석유를 절약했다. 일상생활에서도 3층까지 엘리베이터 사용하지 않기, 계단 이용하기, 엘리베이터 짝수 층 혹은 홀수 층에만 서기, 2킬로미터 걷기 등 다양한 에너지 절약 시책이 권장되었다. 이러한 일상생활에서의 에너지 절약은 40년이 지난 오늘에도 상당 부분 실천되고 있으니, 한국의 정부는 여전히 새마을운동 모드에 있는 것인지도 모른다. 정부는 전기를 아끼는 생활의 지혜까지 세세히 알려주었다. 예컨대 여러 시간 계속 등을 켜야 한다면 형광등이 좋고, 켜고 끄는 것을 자주 반복해야 한다면 백열등이 좋다는 것이다. 형광등을 켤 때 사용되는 전력량은 동일한 촉광의 백열등을 15분 켜놓는 것에 상당하기 때문이다.[132]

1970년대 말로 접어들며 정부는 다시 한 번 절약저축운동을 펼쳐야 했다. 정부는 1978년 9월과 10월 인플레와 부동산 투기로 야기된 경제적 난국을 극복하기 위해 세찬 절약저축 캠페인을 전개하며

132. 저자 미상, 「낭비 없는 과학적인 생활을」, 『새마을』 1976(2), p. 60.

국민의 과소비를 억제하고자 했다. 설상가상으로 이 해 12월에 제2차 석유파동이 일어나자, 정부는 제1차 석유파동 때 채택했던 대책을 더욱 강화해, 예컨대 쌀의 분정도를 다시 7분도까지 낮추었다. 박정희 대통령은 1979년 3월 27일에 열린 「소비절약 추진 범국민 대회 치사」에서 "어느 시대, 어느 사회에서나 근검절약은 부국의 원천이요, 사치와 낭비는 국민의 정신을 좀먹고 국력을 쇠퇴시키는 병균입니다. 이것은 만고의 진리입니다. 불과 수년 전 세계를 휩쓸었던 유류 파동과 경제 불황의 거센 충격 속에서 온 국민이 내핍과 절약으로 굳게 뭉쳐 이를 슬기롭게 극복했던 일을 우리는 다시 한 번 상기합시다"[133]라고 호소했다. 일반 국민들은 아낄 수 있는 모든 것을 모든 방법으로 아끼도록 촉구 받았다. 도시락 검사를 받았던 초중고 학생들은 영어 단어를 암기할 때 16절지에 처음에는 연필로 단어를 썼다가 모든 여백이 없어지면 다시 볼펜으로 쓰기도 했다. 1970년대 한국인들은 이와 같은 가장 극단적인 긴축으로 경제적으로 아주 어려웠던 시기를 헤쳐 나갔다.

새마을운동의 성공 요인

새마을운동은 농촌개발사업으로서 큰 성공을 거두었을 뿐만 아니라, 나라 전체의 경제발전을 위한 개발 도덕화로서도 심대한 문화적 성공을 이끌어내었다. 새마을운동이 아주 성공적이었다는 것은 이념적 스펙트럼과 무관하게 거의 모든 학자들이 동의하고 있다. 물론 반

133. 박정희, 「소비절약추진범국민대회치사」, 『새마을』 1979(5), p. 17.

론도 있다. 새마을운동이 그렇게 성공적이었다면 어떻게 1970년대에 이촌향도, 곧 농민의 도시로의 엑소더스가 그렇게 대대적으로 이루어졌느냐는 것이다.[134] 하지만 이것은 그릇된 반론이다. 해방 시점에서 한국은 농촌인구가 80% 정도에 이르는 전통적 농업국가였다. 도시화는 산업화의 함수이다. 이촌향도는 필연이며, 속도만이 문제였다. 우리의 이촌향도는 아주 급격해서, 산업화를 시작하는 1960년경부터 1990년경까지 농촌인구는 매년 1% 가까이 감소하게 된다. 따라서 대대적 이촌향도는 산업화의 성공을 보여주는 지표이지 새마을운동의 실패를 보여주는 지표가 아니다. 1970년대를 시작하는 시점에서 한국의 농촌인구는 60% 정도였고 마감하는 시점에서 40%를 약간 웃돌았다. 도시에 공장이 세워지며 수많은 일자리가 생겨나고, 농촌에서는 매년 농업생산력이 상승해 사람이 남아도는 상황에서, 급격한 이촌향도는 숨 쉬는 것처럼 자연스러운 현상이었다. 새마을운동의 성공은 의심의 여지가 없다. 그렇다면 성공 요인은 무엇이었을까? 네 가지 정도의 중요한 요인을 들 수 있다.

첫째, 타이밍이 맞았다. 박정희 대통령은 쿠데타 이후 새마을운동과 유사한 재건국민운동을 펼쳤다. 하지만 이 캠페인은 농민들의 호응을 크게 얻지 못한 채 실패로 끝났다. 두 운동 사이의 차이는 무엇이었을까? 1970년에서 1979년까지 박정희 대통령의 경제특보였던 박진환의 주장에 따르면, 재건국민운동이 실패한 것은 정부의 재정이 취약해 농민에 대한 실질적 지원이 부족했고, 농민들은 농민들대로 너무 가난해 당장 생계를 유지하는 데만 급급했지 마을의 공동사

134. 황병주, 「새마을운동 시기 국가와 농민의 정치경제학」, 오유석 엮음, 『박정희시대의 새마을운동』.

업 같은 데 신경을 쓸 여력이 없었기 때문이다.[135] 반면 새마을운동 때는 1960년대의 경제성장 덕분에 정부가 농민에게 조금이나마 재정적 지원을 할 수 있었고, 농민들 역시 극빈상태에서 벗어나 공동사업에 참여할 여력이 있었다는 것이다. 박진환은 또한 새마을운동이 1980년대에 시작되었다 해도 성공할 수 없었을 것이라고 본다. 땅값의 상승 때문이다. 앞에서 보았듯이, 마을길 넓히기 등의 새마을사업은 토지수용의 문제를 수반했는데, 이 문제는 대개 지주들의 자발적 희사 혹은 저가의 보상으로 해결되었다. 하지만 1980년대에 이르면 땅값이 크게 올라 1970년대 식의 해결책이 불가능했으리라는 것이다.

둘째, 공짜 시멘트의 역할이다. 335포대의 시멘트는 금전적으로는 그리 대단하지 않았지만, '협동의 진화'를 불러오는 데 대단히 중요한 역할을 했다. 마을의 개발과 관련해 1970년대의 한국 농민들은 게임이론에서 말하는 '죄수의 딜레마'prisoners' dilemma 상황에 빠져 있었다고 할 수 있다. 마을의 발전을 위해서는 관개나 농로와 관련된 다양한 인프라가 필요했다. 고질적인 가뭄을 이기기 위해서는 저수지가 있어야 했고, 노동생산성을 높이기 위해서는 경운기가 다닐 수 있는 넓은 길이 필요했다. 사회간접자본의 건설은 국가가 해야 할 일이지만, 국가는 대규모의 공적 투자를 할 수 있는 돈이 없었다. 마을의 인프라 건설은 따라서 마을 주민들의 몫이 될 수밖에 없었지만, 내가 나선다고 다른 사람들도 따라 나서리라는 보장이 없었다. 그러므로 어떤 개인도 나설 이유가 없었다. 협동이 진화하려면, 집합행위의 시

135. 박진환, 『박정희 대통령의 한국 경제근대화와 새마을운동』(서울: 박정희대통령기념사업회, 2005), p. 107.

발점에 존재하는 이러한 장벽이 극복되어야 한다. 마을의 공동사업에 사용되어야 한다는 조건 아래 배부된 공짜 시멘트는 집합행위의 초기 장벽을 무너뜨리는 결정적인 계기를 마련했다. 그리고 이웃 주민들이 협동할 준비가 되어 있다는 것을 확인한 것도 협동이 계속 발전해가는 데 중요했다. 죄수의 딜레마 게임이 공짜 시멘트를 통해 확신게임assurance game으로 진화한 것이다.

셋째, 정부의 뛰어난 리더십이다. 정부는 여러 가지 측면에서 뛰어난 리더십을 보여주었다. 우선 물질적 인센티브와 정신적 동기부여를 잘 조화시켰다. 새마을운동 시기에 온 나라에 울려 퍼졌던 온갖 구호와 숱한 노래 때문에 새마을운동이 정부의 강압과 헛된 말 잔치로 가득했다고 생각하는 사람들도 있다. 사람들이 구호의 힘으로 잠시 동안은 엄청난 일을 하게 될 수는 있지만 영원히 그럴 수는 없다. 적절한 제도적 장치와 물질적 인센티브가 있을 때만 구호도 보다 지속적인 힘을 발휘할 수 있다. 정부는 공짜 시멘트와 철근을 제공했을 뿐만 아니라, 새마을사업 우수 마을에 대해서는 보조금도 지원했다. 이는 마을들 사이에서 선의의 경쟁이 일어나게 했다. 정부는 또한 농민들의 열정적인 반응에 대응해 새마을운동을 정책의 우선순위에 놓고 주무 부처인 내무부 외에도 거의 모든 부처들에 새마을 관련 기능을 추가시켰다. 박정희 대통령 자신이 새마을운동의 성공에 전력을 기울여 여러 부처들의 새마을 사업을 직접 지휘하기도 했다. 근면, 자조, 협동이라는 새마을정신을 제출한 것도 그였고, 새마을노래를 작사 작곡한 것도 그였다. 그는 또한 경제기획원에서 주관한 월간 경제동향 보고회의에 새마을운동 지도자들을 초대해 대통령과 장관들 앞에서 그들의 성공담을 발표하게 했다. 정부의 행정적 뒷받침과 관련해 중요하게 언급되어야 할 것이 한국의 길고 촘촘한 행정망이다. 박진환은 마을 단위까지 내려가는 행정력이 새마을운동의 성공에 큰 역할을 했다고 본다.[136] 면사무소의 서기들은 그들 자신이 농사를 짓고 있는 경우가 많았고, 따라서 국가의 행정력과 농민의 자발성이 말단의 행정단위에서 효과적인 만남을 이룰 수 있었던 것이다. 새마을 지도자를 두 명 선출하되 그 중 한 명을 반드시 여성으로 하게 한 것도 정부가 발휘한 탁월한 리더십의 훌륭한 예이다. 새마을사업의 다수는 여성들의 적극적 참여 없이는 불가능했다. 양잠이나 길쌈과 같은 다양한 농한기 부업, 구판장 운영, 절미저축 등등은 여성들의 몫이었으며, 여러 수기가 증명하듯이 남편들의 폭음과 노름을 몰아낸 것도 부인들이었다. 여성을 마을지도자로 삼음으로써 농촌의 전통적 사회구조에 일정한 변화가 초래되었으리라는 것도 충분히 짐작할 수 있다. 남성 연장자가 최상층에 있던 농촌의 전통적 사회 위계는 '암탉이 울면서' 심각한 균열이 일어났다.

마지막으로 지적하고 싶은 새마을운동의 성공 요인은 새마을지도자의 역할이다. 정부가 1970년 겨울 공짜 시멘트를 배포한 후 그 결과를 점검했을 때, 전체 약 33,000개의 마을 중 약 16,000개 마을이 우수한 성과를 내었고, 이 마을들에는 유능하고 헌신적인 마을지도자가 있었던 것으로 나타났다. 정부가 이미 1972년에 독농가연수원을 서둘러 세운 것도 이러한 이유에서였다. 마을지도자가 중요했던 것은 새마을운동이 정부의 빈약한 재정적 지원 아래 농민들의 자발성과 연대의식에 기초해 사업을 끌어나가야 했기 때문이다. 자발성과 연대를 끌어내는 것은 쉽지 않다. 이와 관련해 박진환은 토지개혁을 통해 성취된 농촌사회의 평등성을 새마을운동의 사회적 성공

136. 위의 책, pp. 132-3.

요인으로 꼽고 있다. 평등은 협력을 용이하게 하기 때문이다.[137] 한편 이현정은 새마을운동에 성공한 마을과 그렇지 못한 마을을 비교하면서, 한 마을의 사회적 자본이 성공에 큰 영향을 미친다고 주장한다. 쉽게 말해, 한 마을에 조직이 많으면 많을수록 더 성공적이더라는 것이다.[138] 그렇다면 사회적 자본이 별로 형성되어 있지 않은 마을, 평화로운 외양 아래 부글거리는 갈등을 숨기고 있는 마을은 어쩌는가? 새마을지도자의 본령이 발휘된 곳이 바로 농촌 사회의 다양한 사회적 갈등을 극복하고 연대를 창조하는 분야였다.

박진환의 주장에도 불구하고 1970년대 한국 농촌사회는 다양한 사회갈등을 겪고 있었다. 빈부 사이의 고전적 갈등 외에도 남녀 사이에, 노소 사이에, 그리고 무엇보다 다른 혈족들 사이에 갈등이 있었다. 1970년대의 농촌 마을은 여러 개의 촌락이 모여 하나의 최소 행정단위를 이루고 있었고, 각 촌락은 같은 성씨를 가진 동족촌인 경우가 많았다. 따라서 혈족들 사이의 갈등은 대개 촌락들 사이의 지역 갈등이기도 했다. 포장도로를 어떻게 내고 공동 우물, 공동 세탁장, 마을회관을 어디에 만드느냐는 것은 촌락들 사이에 첨예한 이익 대립을 낳을 수 있었고, 이는 혈족 갈등을 유발하지 않을 수 없었다. 앞에서 인용한 적이 있는 최남식은 자기 마을의 혈족 갈등에 대해 이렇게 개탄하고 있다.

> 우리 농원에서 500m 떨어진 곳에 정장이 마을이 있습니다. 농촌으로서 유씨, 신씨, 장씨의 3성이 대성이고 기타 잡성들을 합하여 90호가

137. 위의 책. pp. 132-3.

138. 이현정. 2014.「1970년대 새마을운동에서 마을공동체의 역동성 비교 연구」, 오유석 엮음,『박정희시대의 새마을운동』.

살고 있습니다. 밖으로 보기에는 대단히 평화스럽게 보이나 속살을 들여다보면 서로 싸우고 갈등을 겪는 생활을 하고 있었습니다. 유씨가 이장을 하면 신씨, 장씨가 파헤치고, 장씨가 이장을 하면 신씨, 유씨가 파헤쳐서 번번히 사건이요, 1년을 채 못 넘기고 갈아치우는 것이 상례였습니다. 3성 외의 사람이 이장이 되면, '각성받이', '들어온 놈들이 동네 논 팔아 먹는다'느니 하면서 배척하여 협동정신이라곤 전혀 없이 백년을 한결같이 못 사는 마을이었습니다.[139]

위에서 언급했듯이, 내무부는 1970년대 말에서 1980년대 중반까지 마을 단위 새마을운동의 사례를 모아 『영광의 발자취』라는 제목으로 일곱 권의 사례집을 냈다. 각 권마다 약 50개의 사례를 담고 있으며, 모두 합치면 350개에 이른다. 각 사례는 마을의 기본 정보를 담고 있는데, 여기에는 성씨의 분포도 포함되어 있고, 마을의 특이사항으로 씨족 갈등의 여부도 포함되어 있다. 350개 마을 중 약 40개 마을이 일정한 형태의 씨족 갈등을 겪은 것으로 보고되었다.

이 사례들을 분석해 보면, 한 마을에 규모가 비슷한 성씨들이 복수로 존재할 경우 씨족 갈등이 가장 심했던 것으로 나타난다. 예컨대 씨족 갈등이 심했던 강원도 장덕리는 113개 가구 중 함 씨가 45가구, 최 씨가 51가구였다.[140] 경남 삼계리의 경우 65가구 중 최 씨가 27가구, 김 씨가 20가구, 이 씨가 10가구, 기타 성씨가 8가구였다. 세력이 가장 컸던 최 씨와 김 씨가 윗마을과 아랫마을에서 나누어져 살며 갈등과 불화를 겪고 있었다.[141] 117가구로 이루어져 있었던 전남 당사리

139. 최남식, 앞의 글, p. 59.

140. 내무부, 『영광의 발자취 제2집』(서울 : 새마을문고, 1979), p. 245.

141. 내무부, 『영광의 발자취 제1집』(서울 : 새마을문고, 1978), p. 903.

도 비슷한 상황이었는데, 48가구의 김 씨가 동쪽 마을에, 28가구의 이 씨가 서쪽 마을에서 살고 있었다.[142] 하나의 성 씨가 아주 큰 세를 이루더라도 다른 성 씨가 작기는 하지만 무시하지 못할 세가 있을 경우에도 씨족 갈등은 강하게 나타나는 경향이 있었다. 충남의 자부리가 그런 경우였는데, 41가구의 오 씨가 그보다 훨씬 규모가 작은 18가구의 전 씨, 13가구의 이 씨로부터 강력한 도전을 받았다.[143] 전남의 죽산리 같은 곳은 총 133가구 중 김 씨가 85가구였음에도 불구하고 16가구의 정 씨를 완전히 압도할 수 없었다.[144]

새마을지도자들의 헌신과 능력은 이러한 씨족 갈등 상황에서 가장 빛이 났다. 이러한 갈등에 대한 통상적인 해법은 여러 개의 마을지도자 자리들을 유력 씨족들이 나누어 가지는 것이었다. 경북의 직고리는 총 134가구 중 52가구의 김 씨, 42가구의 이 씨, 8가구의 박 씨, 8가구의 서 씨가 다투곤 했다. 1972년에 이장이 되었고 1974년에 새마을지도자가 된 이병화는 마을 개발위원회를 구성할 때 이 네 씨족들이 모두 참여할 수 있게 했다.[145] 위에서 언급한 강원도의 장덕리는 각 씨족의 대표자들이 마을의 주요 자리들을 돌아가며 맡았다. 전남의 당사리에서는 48가구의 김 씨를 대표해 김무남이 이장 겸 새마을지도자가 되었고, 28가구의 이 씨를 대표해 이상표가 개발위원회 위원장이 되었다. 이처럼 새마을지도자들은 헌신적이고도 현명한 정치적 리더십을 발휘해 농촌사회의 다양한 갈등, 특히 씨족갈등을 해결하며 농촌사회의 연대를 성취했다. 이들이야말로 새마을운동의 성공

142. 내무부, 『영광의 발자취 제5집』(서울: 새마을신문사, 1982), p. 557.
143. 내무부, 『영광의 발자취 제2집』, p. 354.
144. 내무부, 『영광의 발자취 제6집』(서울: 새마을신문사, 1983), p. 459.
145. 내무부, 『영광의 발자취 제1집』, p. 851.

의 역사를 쓴 주저자들이었다.

한국의 경제발전, 새마을운동, 박정희

아담 스미스는 『국부론』에서 노동분업이 다른 어떤 요인보다 생산의 증가에 크게 기여한다고 주장하며 노동분업을 국부의 원천으로 보았다. 또한 분업은 인간의 어떤 선천적 지혜에서 나오는 것이 아니라 인간의 교환 성향에서 나온다고 말했다. 교환은 시장을 형성시키므로 분업이 시장의 규모에 의해 제한된다는 것은 당연한 결론일 것이다. 시장이 클수록 분업을 촉진시키고, 분업이 심화될수록 국가는 부유해진다. 아담 스미스의 이론을 문화적으로 해석한다면, 한 국가의 문화가 국민의 교환 성향을 촉진시키는 문화를 가지고 있다면, 이 나라의 국부가 증가할 것이라는 결론이 나온다. 요컨대 개방적 문화는 국부의 주요한 정신적 원천이라는 것이다. 미국의 경제학자이자 역사학자인 데이비드 랜디스도 『국부론』의 원제—국가들의 부의 성격과 원인에 대한 연구An Inquiry into the Nature and Causes of the Wealth of Nations—를 본 딴 『국가들의 부와 빈곤』에서 국부를 결정하는 중요한 요인들의 하나로 개방적 문화를 꼽았다.[146]

1960년대 초반 이래 한국 경제가 폭발적 성장을 이룰 수 있었던 것도 크게 보면 수입대체 산업화 전략에서 수출주도 산업화 전략으로의 전환을 통한 나라의 개방 때문이라 할 수 있다. 개방을 통해 한

146. David Landes, *The Wealth and Poverty of Nations* (New York: Norton & Company, 1998).

국은 당시 무역 자유화가 연 경제적 기회를 최대한 활용할 수 있었다. 우리나라처럼 부존자원이 빈약하고 내수의 기반이 취약한 나라에서 경제개발을 시작할 수 있는 거의 유일한 길은 세계경제가 제공하는 기회를 활용하는 것이었다. 위에서 우리나라가 1960년대에 이러한 전략을 택한 소수의 국가 가운데 하나임을 보았다.

수출주도 산업화 전략은 히르쉬만의 언어를 빌린다면 이미 존재하고 있던 성장의 요소들을 하나로 묶는 성장전망이었다. 우리나라는 식민지 시절에 일정 수준의 산업화를 이룬 경험이 있었다. 의무교육제도의 착실한 시행으로 인해 1950년대에는 교육을 비롯한 사회개발의 수준도 다른 제3세계 국가들에 비해 상당히 높았다. 토지재분배와 한국전쟁을 경유하며, 잠재적 변화 저항 세력인 지주계급도 사실상 붕괴상태에 있었다. 식민통치와 전쟁으로 인한 국가기구의 (과잉) 발달도 상황에 따라 경제발전에 유리하게 작용할 수 있었다. 요컨대 박정희시대 이전에 경제발전의 '전제조건들' 혹은 '요소들'이 이미 한국사회 여기저기에 산재해 있었다. 박정희 대통령은 이 모든 요소들을 묶는 성장전망을 제시했고, 국민 다수는 그의 성장전망에 열렬히 반응하며 질풍노도와 같은 대변화에 연루되었다.

박정희 대통령은 그 자신 묶는 자였다. 그는 시대를 앞서가며 새로운 전망을 제시했다. 경공업으로 간신히 무역입국의 꿈을 키워 나가던 1960년대 후반에 이미 비교우위론과 같은 주류 경제이론과 미국 정부의 우려를 거스르며 중화학공업화 전략을 채택했다. 이 전략은 상식적으로 무리한 전략임에 틀림없었으나, 정계와 경제계의 탁월한 리더십과 국민의 근면을 통해 도리어 미래지향적 혁신이 되었다. 1970년대 중반 이후의 제2차 중화학공업화는 거의 모든 학자들이 큰 실패였다는 데 동의하고 있지만, 박정희 대통령이 묶는 자로서 지속적으로 새로운 전망을 제시하는 모습을 보여주는 또 다른 예라고 할 수 있다. 제2차 중화학공업화 프로젝트를 수행하는 가운데 그는 다시 정보산업과 두뇌산업으로의 전환을 다음 과제로 제시했다. 1978년에 나온 그의 마지막 저서 『민족중흥의 길』에서 그는 이렇게 말한다.

> 우리가 안정 속의 고도성장을 지속하기 위해서는, 먼저 과학기술과 기술인력의 개발에 더욱 힘씀으로써, 우리 경제의 생산성을 높여 나가야 한다. 우리는 이미 70년대 초에 중화학공업시대의 개막을 선언하고, 철강, 전자, 선박, 화학 및 비철금속공업 등 전략산업의 육성에 주력한 결과, 우리 경제는 바야흐로 선진국형의 산업구조에 급속도로 접근해 가고 있다. 그러나 우리 경제에서 중화학공업이 차지하는 비중은 아직도 다른 선진국들이 백억 달러 수출을 달성했을 때의 그것보다 낮은 편이다. 따라서 선진국을 따라가기 위해서는 과학기술의 진흥과 기술인력의 개발이 그 무엇보다도 우리에게 시급한 과제라고 할 수 있다.
>
> 선진국의 경우, 중화학공업의 기반이 다져진 후에는 다시 새로운 지식과 과학기술을 토대로 하는 정보산업이나 두뇌산업으로 전환해 가는 것이 통례이다. 우리도 하루 속히 선진과학기술을 도입하고 이를 더욱 발전시켜 나가야 할 것이다. 고도기술산업은 생산성을 높일 뿐 아니라, 국제경쟁력을 강화시켜 수출 증대에 크게 이바지하는 것이다.[147]

여기에서 박정희 대통령은 요즘 언어로 하면 지식정보화로의 전환을 주장하고 있다. 1970년대 말 우리나라의 지식정보산업이라고 해봐야 아주 낮은 수준이었을 것이다. 과잉공급에 대한 세계철강업계

147. 박정희, 『민족중흥의 길』, pp. 135-6.

의 우려를 무릅쓰고 포항제철을 세운 것처럼, 지식정보산업이 걸음마단계에 있을 때 이미 그는 우리나라 산업계의 전환을 생각하고 있었던 것이다. 그로부터 불과 10년이 채 안 돼 삼성전자가 세계반도체업계의 선두주자로 부상한 것을 보면, 그가 얼마나 탁월하게 성장 전망을 제시했는지 알 수 있다. 그 무렵 진보학계에서는 한국 경제의 몰락을 예언하고 있었다. 산업화세력과 민주화세력은 전혀 다른 세계에 살고 있었던 것이다.

박정희 대통령은 도덕적 차원에서도 묶는 자였다. 그가 황금시대가 인류 앞에 놓여 있다는 식의 고상한 표현을 쓴 적은 없다. 하지만 "잘살아 보세"와 "하면 된다"와 같은 참으로 단순한 말로 한국인 대다수의 가슴에 의지와 열정을 심었다. 그는 쿠데타 후 자신의 통치를 시작할 때부터 재건국민운동에서 보듯이 개발도덕화의 문화 프로젝트에 힘을 기울였으며, 새마을운동에서 이는 정점에 이르렀다. 가장 열정적인 행동주의가 1970년대의 한국을 휩쓸었으며, 유신의 어두움과 침울함도 이 열정을 봉쇄하지는 못했다. 국민들은 경제개발을 창조하는 데 직접 참여했다.

오늘날에도 많은 국민들이 새마을운동을 해방 이후 우리나라가 이룩한 가장 중요한 성취로 꼽고 있는 것도 그들이 새마을운동을 통해 개발 주역으로서의 체험을 직접 겪었기 때문일 것이다. 빈곤으로부터의 탈출은 한국전쟁 이후 신생 대한민국의 최대의 국가적 과제였다. 바꾸어 말해 경제개발은 모든 국민의 최대 염원이었다. 박정희 대통령은 국가 차원에서의 경제개발과 개인 차원의 생활 향상을 등치시키는 데 성공했다. 개인의 행위가 곧 국가적 행위가 되었다. 국민들은 10억 달러 수출 목표를 달성했다, 100억 달러 수출 목표를 달성했다는 말을 들을 때 이 수치들이 무엇을 의미하는지 잘 알고 있었다. 그것은 자기 땀과 노력의 결실이었던 것이다. 70년대만큼 100억 달러라는 거대한 숫자가 구체성을 띤 시대는 없었을 것이며, 국가적 과제가 개인의 일상적 실존과 직접 연결되던 시대는 없었을 것이다. 100억 달러 수출은 예컨대 오늘 저녁 쌀 한 줌 아껴 절미 장독에 넣는 것이었다.

국가적 과제와 개인적 실존의 이러한 묶임으로 인해 국민들은 경제개발을 자신이 직접 이룩한 것으로 생각할 수 있었으며, 이러한 연결이 가장 극적으로 이루어진 것이 새마을운동이었다. 제 손으로 보를 막고 댐을 만들 때마다, 담을 허물고 마을길을 넓힐 때마다, 마을에서 술과 도박을 내쫓고 절미통에 쌀을 넣을 때마다, 그들은 새로운 역사를 창조하고 있었다. 국가와 국민이 이렇게 강하게 실존적 연대감을 구축하기는 쉽지 않으며, 박정희 대통령은 특히 새마을운동을 통해 여기에 성공했다.

보론: 브루스 커밍스의 식민지 근대화론

한국의 민주화에 관한 장으로 넘어가기 전에 1960년대 한국의 경제발전의 기원에 관한 브루스 커밍스의 주장을 잠시 짚고 넘어가고 싶다. 예민한 독자라면 이미 느꼈겠지만, 미국의 학자들은 보통 한국의 경제발전을 역사적으로 설명할 때 일제시대 때부터 출발하는 경우가 많다. 이처럼 한국의 경제발전 단계를 1900년대 초부터 시작하는 것은 "식민지 근대화론"과 관련해서도 아주 흥미 있는 일이다.

사실 일본제국주의 치하에서 경제발전이 있었는지는 기본적으로 실증적 연구를 통해 해결될 수 있는 경험적 문제이지 이념 논쟁의 대상이 아니다. 하지만 2014년 교학사 역사교과서 논란과 2015의 역사교과서 국정화 논란에서 보듯이 이 문제는 첨예한 이념논쟁의 주요 쟁점이 되고 있으며, 이 자체가 우리 사회의 정신적 지적 난맥상을 웅변하고 있다. 이 난맥상은 더 자세히 보면 이중의 대립이 중첩되어 있다. 겉으로 보면 진보와 보수의 대립이라는 흔한 모습을 취하고 있다. 그러나 그 이면에는 민족주의 역사학과 실증적·경험적 역사학의 대립이 있다. 교학사 역사교과서 파동에서 주목해야 할 한 가지 특징은 이 교과서에 대한 반대가 꼭 진보진영에서만 나온 것은 아니라는 것이다. 사실은 민족주의 진영에서 나온 것이라 해야 하는데, 우리나라 사람들은 좌우를 불문하고 다수가 민족주의자이므로, 이 교과서에 대한 반대는 좌우를 초월한 반대가 되는, 근래 보기 드문 모습을 보여주었다.

이것은 우리나라 국사학계의 지배적 패러다임인 민족주의 역사학의 승리였다. 식민주의 역사관을 극복하기 위해 등장한 민족주의 역사학은 그 문제의식의 근본적 정당성에도 불구하고 이제 역사학의 민주화와 지적 개방성을 가로막는 지적 레비아탄이 된 것으로 보인다. 한국 근현대경제에 대한 해방 이후 민족주의 역사학의 이해를 단순화하면 조선 후기에 대토지 농업경영이 나타나고 상업자본이 발전하는 등 자생적 내재적 자본주의발전의 맹아가 싹텄으나 일본제국주의의 침탈로 그 싹이 꺾였다는 것이다. 이것이 민족주의 주류 국사학계가 말하는 내재적 발전론의 핵심이다.

대토지 농업경영이 얼마나 이루어졌는지는 역사학자들이 답해야 할 몫이다. 하지만 대토지 농업경영이 산발적으로 일어났다고 해서 이를 자생적 자본주의 발전의 싹이 텄다고 할 수는 없다. 이것이 싹이라면 로마의 라티푼디움도 자본주의의 싹일 것이다. 사실 조선 후기에 보였던 것과 같은 수준의 농업 및 상공업 발달은 세계의 다수 지역에서 성취되었을 것이다. 따라서 근대 이전에 근대의 싹을 찾는 지적 노력은 근본적으로 비교사회학적 연구여야 한다. 막스 베버가 서구의 세계사적 부상을 자신의 필생의 주제로 삼으면서 행한 것이 바로 이러한 비교사회학적 연구였다. 근대 초기의 시점에서 세계의 최선진국이 아니었던 서유럽이 어떻게 예컨대 중국이나 아랍세계에 앞서 세계사적 부상을 했는가? 이에 대한 연구는 상이한 문명에 대한 비교연구일 수밖에 없었다. 막스 베버의 문제의식의 정당성과 그의 연구결과의 타당성에 대해서는 수많은 논쟁이 있다. 사회학계에서 베버만큼 많이 논쟁을 불러일으킨 사람은 없을 것이다. 하지만 그의 비교사회학적 비교문명사적 접근의 정당성과 포괄성에 대해서는 누구도 이의를 제기하지 않을 것이다. 우리 민족주의 역사학의 기본적 문제는 이러한 비교사회학적 비교역사학적 접근이 빈약하다는 것이다. 근대의 싹을 아무리 찾아도 그 싹을 다른 나라와 비교하지 않으면 아무 싹도 찾지 않는 셈이다. 립세트의 말에 따르면, 한국 민족주의 역사학은 한국에 대해 아는 것이 없다.

그러나 아무튼 싹이 있었다고 가정해 보자. 과연 이 싹은 일본제국주의의 침탈로 꺾였는가? 그렇지 않아 보인다. 이미 우리나라의 적지 않은 연구자들이 일제 강점기에 조선이 일정한 자본주의적 경제발전을 이루었음을 실증적으로 증명했다.[148] 하지만 이들은 일제의 식민지배를 정당화한다는 부당한 이데올로기적 비판을 받아 왔고, 국사학계 내에서 여전히 소수에 머물러 있다. 그러나 미국학계에서는 우

148. 대표적인 학자는 이영훈이다. 그는 식민지 근대화와 관련해 많은 저작을 냈는데, 이영훈, 『한국 시장경제와 민주주의의 역사적 특질』(서울: 한국개발연구원, 2000)도 유익하다.

리나라가 일제의 통치 아래에서 경제발전이 이루어졌다는 것은 상식에 속한다. 근대화론을 주창하는 주류학자들만의 상식이 아니다. 브루스 커밍스 같은 미국 진보역사학계의 거두조차 한국의 식민지 경제발전을 인정한다. 잘 알려져 있듯이, 브루스 커밍스는 전 세계에서 한국을 가장 잘 아는 미국인 학자이며, 유려한 필치로 쓴 『한국전쟁의 기원』과 그의 남침유도설은 우리나라 진보학계와 운동권에 엄청난 영향을 주었다. 최근 그는 한 일간지와의 인터뷰에서 자신은 남침유도설을 주장한 적이 없고 전두환 정권이 자신의 연구에 이러한 낙인을 찍었다고 말한 바 있다. 아무튼 이러한 이력을 가진 커밍스가 일제 치하 한국의 경제발전을 인정한다면, '식민지 근대화론'은 더욱 신빙성이 있다고 할 것이다.

브루스 커밍스의 '식민지 근대화론'은 앞에서 언급했던 1984년의 논문 「동북아시아 정치경제의 기원과 발전: 산업부문, 생산물 주기, 그리고 정치적 결과」에 나온다. 이 논문에서 그는 한국과 대만의 발전을 낳은 역동적 동아시아 경제지역이 이미 20세기 초에 형성되었다고 주장하며, 바로 이 대목에서 한국의 식민지경제에 대한 그의 평가가 나온다. 그의 말을 직접 옮기면 이렇다.

> 다수 한국 민족주의자들과 소수 대만 민족주의자들에게는 아무리 고통스러울지라도, 이 지역의 경제적 역동성을 이해하기 위한 출발지점은 일본 제국주의의 출현이다. 일본의 제국 경험은 서구의 제국 경험과 여러 측면에서 근본적으로 달랐다. 일본의 제국 경험은 인접 국가의 식민화를 수반했다. 또한 공업과 통신·운송 인프라를 식민지에 건설하는 것을 수반했다. 그리하여 공업에게 노동과 원료를 가져다주기보다는 노동과 원료에게 공업을 가져다주었다. 마지막으로 일본의 제국 경

> 힘은 항상 선진국들에게 불이익과 위협을 당한다고 여긴 한 나라에 의해 성취되었다—일본은 "약하고 보잘 것 없었으며"… 이 인식은 식민지 사업 전체에 영향을 미쳤다. 이 모든 특징들은 일본의 가장 가깝고 가장 중요한 소유물이었던 한국에서 가장 강하게 드러났다.[149]

'다수 한국 민족주의자들'과 '소수 대만 민족주의자들'이라는 표현이 이채롭다. 이는 한국인들이 대개 일제 식민지 경험을 한국사에서 가장 아픈 상흔으로 여기는 반면, 대만인들은 대개 일제 식민지 경험을 근대화와 산업화의 기초로 보는 것과 관련이 있을 것이다. 커밍스는 대만에서는 경제적 인센티브로 가능했던 것이 한국에서는 강제를 사용해서만 가능했다고 쓰고 있다. 이러한 차이는 지주계급의 발전 여부와 관련되어 있었다. 강력한 지주계급이 존재하던 한국에서는 일제의 다양한 농업개혁조치에 대한 저항이 심했던 반면, 대만에서는 소수의 중국 본토 부재지주밖에 없었다.

일본은 1930년대에 세계체제로부터 빠져나와 식민지들과 더불어 독자적 발전노선을 걷기 시작했으며, 눈부신 중공업화를 이루었다. 일본의 급속한 발전에 대해 '경제기적'이라는 말이 쓰이기 시작한 것도 이 시기이다. 대만이 농업분야에서 큰 발전을 이루었다면, 한국은 공업분야에서 대만보다 더 큰 발전을 이루었다. 1940년에 이르러, 광부 그리고 일본 본토와 만주의 공장과 광산에서 일한 수십만을 제외하고 213,000명이 공업분야에서 일했다. 광업과 공업의 순가치는 1929년과 1941년 사이에 266퍼센트 성장했다. 그리하여 일본이 패망하던 1945년에 이르러, 대개 일본 본국의 이해를 충족시키기 위

149. Cumings, 앞의 글., p. 8.

한 것이기는 했지만, "한국은… 제3세계에서 가장 발전된 수준의 공업인프라를 가지게 되었다." 나아가 한국은 만주를 주변부로 삼는 반주변부적 특성까지 지니게 되었다. 일본, 한국, 만주는 전형적인 중심부-반주변부-주변부관계를 이루게 되었다는 것이다.[150] 이는 산업혁명이었다.

> 1935년에서 1945년까지의 시기는 한국의 산업혁명이 시작된 시기로, 산업혁명의 통상적인 특성들 대부분이 나타났다. 토지로부터의 농민의 축출, 노동계급의 등장, 광범위한 인구 이동, 도시화가 그것이다. 하지만 일본인은 위로부터 산업화시켰기 때문에, 이 혁명에 수반된 사회 변화는 사회의 하층에서 가장 컸다. 1945-53년 시기에 한국을 고문했던 사회적 지역적 갈등은 일제 통치 최종 단계의 거대한 인구 이동, 농업의 혼란, 공업의 역동성에 기원을 두고 있다. 이는 진정 10년에 걸쳐 가열된 압력밥솥이었다. 1945년에 뚜껑이 열리자 한국은 깊은 충격을 받았다.[151]

이 산업혁명을 이야기하는 커밍스의 음조는 우울하고 냉소적이다. 하지만 이 시기에 식민지 한국의 경제와 사회에 어떤 일이 얼마나 크게 일어났는지를 전하는 데는 조금도 모자람이 없다. 커밍스를 비롯한 미국학자들의 시각에서 보면, 1960년대 이후 한국의 급속한 경제발전은 아무 역사적 기원 없이 갑자기 솟아난 것이 아니라, 적어도 일정 정도로는 식민지시대의 초보적 경제발전에 힘입은 것이었

150. 위의 글, p. 13.
151. 위의 글, p. 14.

다. 사실 이러한 시각은 박정희 대통령이 전쟁의 잿더미 위에서 무에서 유를 창조했다고 하는 주장보다 사회과학적으로 훨씬 더 건전하다. 생산력이란 궁극적으로 축적된 지식의 양으로 환원될 수 있으므로, 일제 강점기에 축적된 생산력은 전쟁의 참화를 뚫고 한국의 경제발전에 일정 정도 기여했다고 말할 수 있다.

우리 국민의 압도적 다수는 식민지 경제발전을 인정하는 것이 일제의 강점을 정당화하는 것이라 본다. 나라를 잃은 민족으로서 이러한 마음이 드는 것은 당연하지만, 이 둘이 다르다는 것은 누구나 알 수 있다. 일제 '하에서' 경제가 발전했다는 말이 일제 '덕분에' 경제가 발전했다는 말은 아니다. 일제가 근대적 제도를 도입했다는 사실 그 자체만으로 식민지 조선의 경제발전이 다 설명되는 것은 아니다. 이영훈은 17세기 후반 이래 조선이 높은 수준의 소농사회를 이루었으며, 이러한 소농사회는 시장경제 등 근대를 예비하는 다양한 요소를 농축하고 있었다고 주장한다.[152] 비록 이러한 기반이 민란의 시대인 19세기에 와서 현저히 와해되었지만, 일제 강점기 하 조선의 경제발전은 조선이 쌓은 이러한 경제적 자산과 기타의 사회적 문화적 자산으로부터도 연유하는 것이라 할 수 있을 것이다. 조선이 외세의 도전을 극복하고 근대국가로의 전환에 성공한 후 적절한 제도 개혁을 했다면 이러한 자산을 동원해 자율적 경제발전을 이룰 수 있었을 것이다. 제국주의는 그 모든 폭력 외에도 각 민족이 자신의 힘으로 자신의 역사를 써나갈 수 있는 기회를 원천적으로 박탈한다는 점에서 도덕적으로 나쁜 것이다. 하지만 제국주의 하에서는 어떤 발전도 이루어질 수 없다는 생각은 사실과 도덕의 문제를 뒤섞는 것이다. 우리

152. 이영훈, 위의 책, p. 29-30.

사회에 만연해 있는 이러한 혼란을 거둘 수 있을 때 역사에 대한 객관적 연구가 가능하고 우리 스스로를 더 잘 알 수 있다. 식민지 시대를 정확히 아는 것은 과거를 정확히 복원하는 것이며, 과거를 정확히 복원할 때만 19세기 말 이후의 불행한 한국사를 진정으로 극복할 수 있다. 우리가 어떤 길을 걸어왔는지 정확히 모르면서, 앞으로 걸어야 할 길에 대한 교훈을 얻을 수는 없는 일이다. 물론 역사의 정확한 복원은 학계의 몫이지 국가의 몫은 아니다.

3

한국의 민주화와 지역주의의 뜻밖의 역할

박정희 유신체제는 1979년 10월 26일에 종언을 고했다. 곧 민주화의 봄이 왔지만, 전두환이 이끄는 신군부가 민주화를 좌절시키고 광주학살을 비롯한 일련의 폭력을 통해 새로운 군부독재체제를 구축했다. 한국의 민주화는 이제 박정희 독재체제를 계승한 전두환 독재체제 하에서 진행되어야 했다. 이는 박정희 체제가 남긴 다양한 유산과 전두환 체제에서 일어난 새로운 변화가 민주화의 기본 조건을 구성했다는 뜻이다.

반공주의에서 이야기를 시작해 보자. 반공주의는 제2차 세계대전 후 이른바 '서방세계'의 공통적 이념이었지만, 한국에서는 특유의 역사적 과정 속에서 중심적 국가 이념이 되었고, 한국의 정치를 가장 근원적으로 규정하는 이념적 요인이 되었다. 서구에서 근대 정치는 헌법의 성립이 큰 분수령을 이루었다. 법이란 원래 무수한 국지적 상식이 축적되어 하나의 체계로 갖추어진 규칙의 집합으로 이해될 수 있다. 법은 상식의 연장이자 상식의 결정체이며, 헌법은 그 중에서도 가장 순정한 결정체라 할 수 있다. 상식은 영어로 'common sense' 곧

한 공동체의 공통감각을 뜻하며, 헌법이란 그렇다면 한 공동체의 가장 근원적인 공통감각이라 할 수 있다. 물론 근대 서구에서 이 근원적 공통감각은 자유와 민주주의를 수립하기 위한 오랜 투쟁의 결실이었으며, 그 토대 위에서 이익 배분의 정치로서의 의회정치가 진행되었다.

반면 우리나라의 현대 정치는 태생적으로 대단히 취약할 수밖에 없었다. 대한민국이 자유민주적 기본질서를 근간으로 수립되었음에도 불구하고, 자유와 민주, 의회정치의 역사적 전통은 전무했다. 사실 비서구 국가 가운데 이러한 전통을 가진 나라는 거의 없으며, 삼민주의를 제창하며 혁명운동을 이끌던 손문조차 중국 국민의 민주적 역량의 부재로 완전한 민주주의를 일정 기간 유보하고 계도민주주의guided democracy를 시행해야 한다고 생각했다. 해방 이전 우리에게 자유와 민주의 전통이 있었다면, 3·1운동 이후 수립된 임시정부 정도가 전부이다. 사대부가 자유를 위해 왕과 계약을 맺은 적도 없고, 백성이 왕후장상의 목을 따본 적도 없다. 자유와 민주의 역사적 전통이 헌법을 만든 것이 아니라 헌법이 자유와 민주의 전통을 만들었다.

해방공간에서의 격렬한 좌우대립은 나라의 정체성이라는 최대의 쟁점을 둘러싼 운명적 결전이었다. 심화되는 냉전 속에서 이 결전은 좌우의 분리, 한반도의 분단으로 귀결되었다. 이는 물론 한반도의 지정학적 위치가 강요한 결과이기도 했다. 1948년 이후 남과 북에서 각각 뚜렷한 자기정체성을 가진 질서가 수립되었지만, 대한민국의 경우 정체성을 둘러싼 폭력적 대립은 계속되었다. 이러한 격심한 대립 속에서, 조선의 무능을 극복하고 식민지의 유산을 청산해 강한 독립적 근대국가를 수립하는 과제는 파행을 겪을 수밖에 없었다. 한국전쟁은 대한민국 기성체제의 모습을 그리는 데 가장 결정적인 역할을 했다. 그것은 대한민국에서 좌파의 폭력적 일소를 가져왔고, 자유민주적 기본질서가 반공적 기본질서를 뜻하게 되는 결과를 초래했다.

한국전쟁 이후, 대한민국의 자유민주적 기본질서가 반공주의를 근간으로 삼게 된 것은 필연적이었다. 오늘날 진보세력은 반공주의를 지배이데올로기, 곧 허위의식으로 보는 경향이 있다. 하지만 북한의 남침으로 244,663명의 사망자와 128,936명의 피학살자를 포함해 부상, 납치, 행방불명으로 총 990,968명의 인명 피해를 입고 1천만 명의 이산가족이 발생한 나라가 반공을 국시로 삼지 않는 것이 이상하다. 반공주의는 기본적으로 단순한 이데올로기가 아니라 생체험을 통해 한국 국민 다수에게 깊숙이 내면화되어 있는 태도로 보아야 한다. 이 생체험은 남북의 지속적인 대결 속에서 거듭 갱신되어 왔다.

물론 반공주의가 민주주의를 탄압하고 독재를 정당화하거나 연장하는 데 사용된 것은 어김없는 사실이다. 이 차원의 반공주의는 명백히 허위의식으로서의 지배이데올로기이다. 역대 독재세력은 선거 때마다 반공주의를 동원했다. 하지만 선거전략으로서의 반공주의의 동원이 역대 선거에서 늘 대단히 성공적이었는지는 조금 의심스럽다. 예컨대 1970년 대선에서 김대중 후보는 박정희 후보의 용공공세에도 불구하고 박정희 후보 자신이 놀랄 만큼 상대적 접전을 펼쳤다. 1985년 2·12 총선에서는 양김의 주도로 재창당한 신민당이 민정당의 반공주의 동원에도 불구하고 제1야당으로 부상하는 돌풍을 일으켰다. 유권자들의 다수는 진짜 반공과 거짓 반공의 차이를 잘 알고 있는 것으로 보인다. 진보세력이 선거에서의 실패를 반공주의에 잘 속는 국민들 탓이라고 여긴다면 그것은 반공주의의 본질을 잘 이해하지 못하는 것이다.

반공이 자유민주적 기본질서의 이념적 근간을 이루게 된 것은 장기적으로 보면 대한민국의 기성체제를 약화시키는 결과를 가져왔다. 자유민주적 기본질서가 사실상 반공적 기본질서가 되자, 자유민주적 기본질서의 내용은 극히 빈약해지고, 헌법은 국민의 충성과 헌신을 이끌어낼 수 있는 근본적 공통감각으로 자리 잡을 수 없었다. 반공주의는 공통감각이기는 했지만, 공포와 분노에 기초했다는 점에서 부정적 소극적negative 공통감각이었다. 루소가 『폴란드 정부』에서 주장하는 스파르타의 시민정신 같은 것은 국가를 사랑과 헌신의 대상으로 만드는 긍정적 적극적positive 공통감각이었다. 공포에 기초한 반공주의는 대단히 강고하기는 하지만, 국가의 정체성이 쟁점이 될 경우 상이한 이념들을 포괄할 수 있는 정신적 우산이 될 수는 없었다.

더욱이 이 반공주의는 너무나 자주 동원과 폭력에 기초한 반공주의였다. 독재세력은 반공주의에 기대어 거듭 헌정질서를 파괴하면서 집권해 나갔다. 독재는 자유민주적 기본질서와 양립할 수 없으며, 자유민주적 기본질서를 반공적 기본질서와 등치시킴으로써만 자신의 이념적 정당성을 재생산할 수 있었다. 유신체제는 반공주의에 기초한 독재와 자유민주적 기본질서 사이의 긴장과 모순을 폭력적으로 해소하려는 시도였다고 할 수 있을 것이다.

반공주의와 이에 기초한 오랜 독재체제는 의회 내 자유주의세력조차 감당하지 못해 그들을 급진화시켰고, 참된 의미에서의 진보세력을 제도권 밖으로 내몰았다. 1987년 민주화 이전에 진보세력은 사회적으로 소수에 불과한 재야와 운동권 형태로 존재했다. 반공독재는 또한 강력한 발전주의를 표방했기에, 정부에 포섭된 일부 노동운동세력 외에 모든 자생적 노동세력을 강력하게 탄압했다. 한편 반공독재가 자유민주적 기본질서의 수호를 내걸면서, 독재에 대한 거부는 반공에 대한 거부, 나아가 헌법질서 그 자체에 대한 거부로 연결되기 쉬웠다. 1980년대에 제도권 야당을 제외한 진보세력의 대부분은 사회주의혁명을 지향하며 반체제성을 뚜렷이 했다.

한편 반공독재는 유능한 반공개발독재이기도 했다. 박정희 대통령 집권기에 한국은 빈곤에서 탈피해 중진국으로 도약하기 시작했고, 전두환 대통령 집권기에는 성공적 경제정책으로 1970년대 말의 경제적 불안정에서 벗어나 중진국의 지위를 확고히 했다. 이 과정에서 광범위한 중산층이 형성되며 민주화운동의 주요 변수로 등장했다. 사실 도시 중산층은 이미 60년대와 70년대에 주요 선거에서 자신의 존재를 드러내어, 이른바 선거의 '여촌야도' 현상을 주도했다. 이들은 1978년 12월 12일 총선에서 야당 신민당이 집권 공화당보다 더 많은 표를 얻는 데 기여함으로써 유신체제에 큰 균열을 내었다. 1987년 민주화 이전에 1980년대에 그들의 존재가 가장 극적으로 드러난 선거는 1984년 2월 12일 총선이었다. 이 선거에서 1970년대 신민당을 계승한 새 신민당이 '돌풍'을 일으키며 민주화운동의 활성화에 기여했다. 한국 경제의 비약적 성장과 함께 두텁게 형성된 중산층은 선거 이외의 공간에서도 정치의 주역으로 등장할 준비를 하고 있었다.

정리하면, 강력한 반공주의와 성공적 발전주의는 1980년대 한국 민주화운동에 다음과 같은 조건들을 제공했다. 노동자 계급정치의 미발달과 제도권 진보정당의 부재로 인해 민주화운동의 주도세력을 구성한 것은 자유주의 야당과 급진 학생운동 및 재야세력이었다. 광범위하게 형성된 중산층이 이 운동의 대중적 기반을 이루었다. 반공독재의 집중적 탄압 대상이었던 노동과 개발독재의 종속적 파트너였던 자본은 적어도 민주주의로의 이행단계에서는 미미한 역할만을 했다. 이를 뚜렷하게 보여주는 예가 바로 급진 노동운동의 신호탄이 되었던 1987년 노동자대투쟁의 발발 시점이다. 이 투쟁은 6월항쟁이 끝나고 난 뒤에야 이 항쟁이 연 일시적 민주화 공간에서 겨우 일어날 수 있었던 것이다.

헌법에서 자유민주적 기본질서를 규정한 나라에서 독재는 언제나 정당성의 위기에 처한다. 예외적으로 성공적인 발전주의가 독재의 항구적인 정당성 위기를 벌충해주기는 했지만, 전두환 군부독재의 경우 광주학살의 원죄로 인해 그 어떤 것도 이 체제의 근원적인 정당성 위기를 구해줄 수는 없었다. 민주화투쟁기에 정치의 균열은 당연히 민주주의 대 독재의 균열을 중심으로 한다. 이 때문에 독재세력을 제외한 모든 세력이 민주주의의 기치 아래 함께 모이고 민주주의가 어느 정도 성취되기까지 그들 사이에는 큰 균열이 일어나지 않는다. 이것은 제2차 세계대전 이후 한국에서 형성되었던 민주화의 구조적 조건들이 명령하는 바이기도 했다. 하지만 우리나라의 경우 1987년 6·29선언으로 민주주의세력과 독재세력이 대통령 직선제에 합의함으로써, 민주주의로의 이행은 1987년 대통령 선거에 좌우되게 되었다. 하지만 가장 유력한 민주주의 야당 지도자들인 김영삼과 김대중이 후보 단일화를 놓고 합의에 실패함으로써, 민주 대 독재의 정치적 균열이 급속히 쇠퇴하고 한국 정치에서 이전에는 모습을 잘 드러내지 않았던 지역주의라는 균열이 급속히 대두되었다. 자본주의가 발전하면서 통상 계급정치가 성립한 서구의 경험과 달리 한국에서는 다양한 역사적 요인으로 인해 계급이 중심적인 정치적 균열로 등장하지 못한 채, 민주화를 경유하며 지역이 가장 핵심적인 정치적 균열로 등장했다. 지역주의는 민주주의 이행 과정에서도, 민주주의 공고화 과정에서도 가장 중요한 역할을 했다. 아래에서는 지역주의라는 요인을 중심에 놓고 한국의 민주화 과정을 되돌아보기로 한다.

지역주의의 생성

지역주의는 한때 우리나라 선거정치의 가장 중요한 변수였으며, 지금도 여전히 선거에서 중요한 요인으로 작용하고 있다. 지역주의 선거는 일반적으로 박정희와 김대중이 대결한 1971년 대통령 선거에서 시작된 것으로 생각되고 있다. 이 선거 이래 영남지역과 호남지역은 가장 일관되고 응집적인 지역주의를 표출해 왔다. 1987년 이후의 몇몇 선거에서는 영남지역 내에서도 경북과 경남이 대결한 적이 있으며, 충청지역 특히 충남 역시 상당히 강한 지역주의를 표출하기도 했다. 지역주의의 기원에 대해서는 수많은 학자, 문인, 언론인들이 논란을 벌이며, 다양한 역사적, 문화적, 사회경제적 요인들을 거론해 왔다. 그들의 주장은 다섯 가지로 정리할 수 있다. 첫째, 영남과 호남 사이의 강한 적대감은 신라와 백제의 대결에 뿌리를 두고 있다.[153] 둘째, 호남지역에 대한 타 지역의 거부감은 고려와 조선의 호남 차별적 정책에 기원을 두고 있다.[154] 셋째, 유교는 전근대적인 지역적 유대를 강화한다.[155] 넷째, 1960년대 이후 경제개발의 과실을 영남지역이 독점했다. 1993년 현재 호남은 산업노동자의 6.9%, 산업 부가가치

153. Sung Chul Yang, "South Korea's Top Bureaucratic Elites, 1948-1993 : Their Recruitment Patterns and Modal Characteristics," *Korea Journal* 34, no. 3 (Autumn 1994) : 5-19 ; Sallie Yea, "Regionalism and Political-Economic Differentiation in Korean Development : Power Maintenance and the State as Hegemonic Power Bloc," *Korea Journal* 34, no. 2 (Summer 1994) : 5-29.

154. 김만흠, 『한국 정치의 재인식』(서울 : 풀빛, 1997).

155. Byung-Kook Kim, "Korea's Crisis of Success," pp. 113-31 in *Democracy in East Asia*, edited by Larry Diamond and Marc F. Plattner (Baltimore : Johns Hopkins University Press, 1998).

의 8.7%밖에 차지하지 못했다. 반면 영남은 산업노동자의 40%, 산업 부가가치의 35%를 차지했다.[156] 다섯째, 영남지역 출신 인사들이 행정부, 군부, 실업계를 지배해, 박정희 시대에는 34.4%, 전두환 시대에는 42.6%, 노태우 시대에는 40.6%를 차지했다. 반면 호남의 수치는 각각 15.1%, 11.7%, 13.4%에 불과했다.[157] 하지만 처음 세 가지 요인들은 왜 지역주의가 하필 1970년대에 출현했는지, 왜 그 전에 출현하지 않았는지를 설명하지 못한다. 나머지 두 요인들 역시 왜 영남패권주의가 다른 모든 지역들이 아니라 호남지역에서 특히 강렬한 지역주의 정서를 야기했는지를 설명하기 힘들다. 요컨대 이러한 요인들만으로는 선거 지역주의의 출현 시기와 표출 형태—영남과 호남 사이의 깊은 적의 그리고 호남지역에 대한 타 지역의 거부감—를 완전히 설명하기 힘들다.[158]

이 요인들은 선거 지역주의의 출현을 위한 가능성의 조건이 될 수는 있지만, 이 가능성을 현실로 만드는 것은 정치이다. 지역감정이 광범위하게 퍼져 있다고 해서 이것이 반드시 선거에서 지역주의 투표

156. 김만흠, 앞의 책, p. 204. 한국의 지역적 경제 격차가 수도권과 영남을 한편으로 하고 다른 모든 지역을 다른 한편으로 하는 것이라는 점도 지적되어야 하겠다. 본문의 두 가지 경제 지수와 관련해 수도권과 영남은 약 80%를 차지한 반면, 다른 모든 지역들은 합쳐서 나머지 20% 정도밖에 차지하지 못했다. 따라서 지역적 경제 격차는 호남과 영남의 격렬한 적대를 설명하기에 충분하지 않다.

157. Yang, "South Korea's Top Bureaucratic Elites," p. 15.

158. 이를 설명하기 위해 일부 학자들은 영남 기반 군사정부들의 이데올로기적 조작을 거론하기도 한다. Yea, "Regionalism"; 최장집, 『민주주의의 조건과 전망』(서울: 나남, 1996); 황태연, 「한국의 지역패권적 사회구조와 지역혁명의 논리」, 『정치비평』1 (1996). 이들은 호남이 1971년 대선과 1980년 광주항쟁 같은 정치적 사건들을 통해 저항의 중심으로 등장함에 따라, 역대 군사정부들이 호남에 대한 옛 편견을 악용하고 새로운 편견을 조장함으로써 다른 지역들에 반호남 정서를 주입했다고 주장한다.

경향으로 나타나는 것은 아니다. 정치과정에 영향을 주는 것은 객관적인 사회적 균열이 아니라 '정치화된' 사회적 균열이다. 이런 의미에서 정치영역에서 나타나는 지역주의는 사회의 저류에 흐르고 있는 지역감정의 직접적 표출이 아니라, 다양한 정치적 행위자들의 활동의 결과로 보아야 한다. 특히 정치적 경쟁의 지도자인 정당의 활동이 중요하다. 요컨대 지역주의는 무엇보다 정치의 담론적 산물이며, '정치적' 지역주의로 이해되어야 한다는 것이다. 정당은 사회경제적 균열을 단순히 대표하기만 하는 것은 아니다. 쉐보르스키의 말을 빌리면, 정당은 "집합적 정체성을 형성시키고, 헌신을 고취시키며, 집합행위를 가능케 하는 이익을 정의하고, 개인들에게 어떤 선택지는 제공하고 어떤 선택지는 배제한다."[159] 따라서 지역주의는 일차적으로 정당들의 활동의 효과로 볼 수 있다.

지역주의는 선거에서는 무엇보다 지역주의 투표 경향으로 나타난다. 지역주의 투표 경향은 미국의 인종사회학에서 사용하고 있는 '차별 지수' segregation index를 이용해 '지역주의 지수'로 측정될 수 있다. 공식은 다음과 같다.

$$\frac{1}{2}\Sigma\left|\frac{A_i}{A}-\frac{B_i}{B}\right|$$

*Ai*는 후보 *A* 혹은 정당 *A*가 *i*지역에서 얻은 득표수이며, *A*는 후보 *A* 혹은 정당 *A*가 지역 대결에 연루되어 있는 모든 지역에서 얻은 득표수이다. *Bi*는 후보 *B* 혹은 정당 *B*가 *i*지역에서 얻은 득표수이며, *B*

159. Adam Przeworski, *Capitalism and Social Democracy* (New York : Cambridge University Press, 1985), p. 101.

는 후보 B 혹은 정당 B가 지역 대결에 연루되어 있는 모든 지역에서 얻은 득표수이다. 이 공식을 이용해 역대 대통령선거와 국회의원선거에 대해 세 가지 종류의 지역주의 지수를 구축했다. 본지역 지수, 타지역 지수, 전지역 지수가 그것이다. 먼저 본지역은 후보자의 정치적 고향지역을 가리키고, 타지역은 정치적 고향지역 이외의 모든 지역을 가리키며, 전지역은 전체 지역을 가리킨다. 간단한 예를 통해 이 지수들을 어떻게 구축하는지 보기로 하자.

<표 4> 지역 1-8의 득표수(예)

지역	1	2	3	4	5	6	7	8
후보 A	10	9	1	2	7	8	3	6
후보 B	2	3	10	10	6	5	4	7

위의 예에 나오는 8개 지역 중에서, 지역 1과 2를 후보 A의 본 지역으로, 지역 3과 4를 후보 B의 본 지역이라 하자. 후보 A가 본지역 지수와 관련해 얻은 득표수는 22(10+9+1+2), 타지역 지수와 관련해 얻은 득표수는 24(7+8+3+6), 전지역 지수와 관련해 얻은 득표수는 46이다. 후보 B가 본지역 지수와 관련해 얻은 득표수는 25(2+3+10+10), 타지역 지수와 관련해 얻은 득표수는 22(6+6+4+7), 전지역 지수와 관련해 얻은 득표수는 47이다. 이 득표수들에 기초해 세 가지 지수들을 계산해 보자.

$$\text{본지역 지수}: \frac{1}{2}\left(\left|\frac{10}{22}-\frac{2}{25}\right|+\left|\frac{9}{22}-\frac{3}{25}\right|+\left|\frac{1}{22}-\frac{10}{25}\right|+\left|\frac{2}{22}-\frac{10}{25}\right|\right)\cong 0.66$$

$$\text{타지역 지수}: \frac{1}{2}\left(\left|\frac{7}{24}-\frac{6}{22}\right|+\left|\frac{8}{24}-\frac{5}{22}\right|+\left|\frac{3}{24}-\frac{4}{22}\right|+\left|\frac{6}{24}-\frac{7}{22}\right|\right)\cong 0.12$$

$$\text{전지역 지수}: \frac{1}{2}\left(\left|\frac{10}{46}-\frac{2}{47}\right|+\cdots+\left|\frac{2}{46}-\frac{10}{47}\right|+\left|\frac{7}{46}-\frac{6}{47}\right|+\cdots+\left|\frac{6}{46}-\frac{7}{47}\right|\right)\cong 0.40$$

특정 선거에서 이와 같은 결과가 나왔을 때, 문제는 이 선거에서 지역주의 투표 경향이 나타났는지 아닌지를 어떻게 결정하느냐 하는 것이다. 이에 대해서는 명확한 답이 있을 수 없으며, 따라서 다소 자의적인 조작적 정의를 내릴 수밖에 없다. 여기에서는 본지역 지수가 전지역 지수보다 적어도 50% 더 높을 때, 그리고 동시에 타지역 지수보다 적어도 100% 더 높을 때 지역주의 투표 경향이 나타난 것으로 하자. 이 조작적 정의에 따르면 <표 4>의 선거는 지역주의 투표 경향을 드러내고 있다.

이제 이러한 정의에 따라 1963년에서 2002년까지의 역대 대통령 선거와 국회의원 선거에서 지역주의 지수가 어떤 추이를 보였는지를 보자. <그림 1>은 1963년부터 2002년까지의 대통령선거와 관련해 지역주의 지수의 추이를 보인 것이다. 정사각형은 본지역 지수를, 삼각형은 타지역 지수를, 마름모는 전지역 지수를 나타낸다.

한 가지 문제는 이 지수가 두 지역에 대해서만 계산될 수 있다는 것이다. 따라서 1987년 대통령선거의 경우, 경북과 경남을 묶어 호남과 비교했고 충청은 제외되었다. 1988년 총선도 같은 절차를 밟았다. 또한 본지역과 타지역은 정치 지형에 따라 변할 수 있다는 것도 언급되어야 하겠다. 그리하여 충청지역은 1992년 대선에서는 김영삼의 지역으로, 1997년의 대선에서는 김대중의 지역으로 간주되었다. 총선에 대해서는 이러한 문제가 없다.

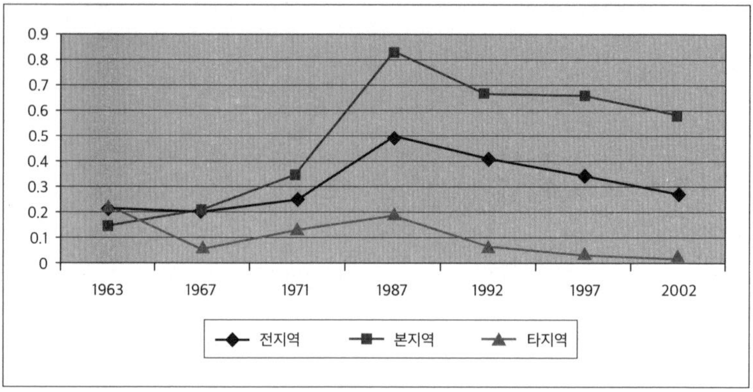

<그림 1> 역대 대통령선거에서의 지역주의 지수

위에서 제시한 지역주의 투표의 조작적 정의에 따르면, 지역주의 투표는 1971년 대선에서 처음 나타났다. 이 선거에서 본지역 지수는 0.347, 타지역 지수는 0.132, 전지역 지수는 0.253이었다.[160] 지역주의 지수는 후보들이 자기 지역에서 크게 이기고 경쟁 후보의 지역에서 크게 질 경우 아주 높을 것이다. 또한 선거가 지역들 사이에서 대결적으로 될수록 높을 것이다. 1971년 대선에서는 영남 출신의 박정희 후보와 호남 출신의 김대중 후보가 정면 대결했다. 박정희 후보와

160. 몇몇 학자들은 다르게 주장한다. 예컨대 김만흠은 『한국정치의 재인식』에서 지역주의가 처음 등장한 것은 1963년 대선이었다고 주장한다. 박정희 후보가 제주(69.9%)를 제외하고는 경남(57.6%)과 경북(55.6%)에서 최대의 득표를 했다는 것이 그 근거이다. 김만흠의 주장은 1963년 지역주의 지수에 의해서는 지지되지 않는다. 이 선거에서 본지역 지수(0.143)는 전지역 지수(0.213)와 타지역 지수(0.227)보다 낮다. 이갑윤(『한국의 선거와 지역주의』, 서울: 오름, 1998)과 조기숙(『지역주의 선거와 합리적 유권자』[서울: 나남, 2000])은 지역주의가 1987-88년의 민주화 이행기에서 시작한 것으로 본다. 사실 이 시기에는 지역주의가 완전히 발달한 형태로 등장했지만, 1971년 대선에서 본지역 지수와 타지역 지수의 격차는 현저하다.

충청 출신의 윤보선 후보가 경쟁한 1963년과 1967년 대선의 경우, 박정희 후보는 다른 지역들에서보다 경남과 경북에서 훨씬 더 높은 득표율을 올렸다. 하지만 영남지역과 대결 의식을 보인 지역들이 없었기 때문에 지역주의 지수는 높지 않았다. 특히 1963년 선거에서 박정희 후보는 전남지역에서 59.1%라는 높은 득표율을 올린 것은 1971년 이후의 영호남 대결에 익숙한 독자들에게는 대단히 놀라운 사실일 것이다. 1963년 대선의 기본 양상은 1980년대와 1990년대 같은 동서대결이 아니라, 영남과 호남을 한편으로 하고 북쪽의 지역들을 다른 한편으로 하는 남북대결이었다. 1963년과 1967년에 나타난 영남의 결집은 타 지역의 결집이 없었기에 '즉자적' 지역주의라 할 수 있고, 1971년에 나타난 지역주의는 영남과 호남 사이의 명시적 경쟁이 있었기에 '대자적' 지역주의라 할 수 있다. 우리의 관심이 되는 지역주의는 자기 지역에 대한 충성과 타 지역에 대한 적의를 수반하는 쌍방향적 성격의 대자적 지역주의이다. 1971년 대선에서 박정희 후보는 경남에서 66.9%, 경북에서 78.0%를 얻은 반면, 김대중 후보는 전남에서 62.8%, 전북에서 61.5%를 얻었다. 각 후보는 자기 지역에서는 압도적 다수를 획득한 반면, 경쟁 후보의 지역에서는 크게 패배했던 것이다.

그렇다면 그때까지 어떤 뚜렷한 대결의식도 보이지 않던 영호남이 1971년에 갑자기 격렬한 대결의식을 갖게 되었을까? 무엇보다 먼저, 1971년에 이르기까지 우리나라에는 유권자의 투표행위에 지속적이고도 명확한 영향을 발휘할 수 있는 중대한 정치적 균열이 없었다는 점이 지적되어야 한다.[161] 특히 1945년에서 1948년까지의 해방공간

161. Jae-On Kim and B. C. Koh, "The Dynamics of Electoral Politics: Social Development,

을 지배하며 한국의 중대한 정치적 균열이 될 수 있었던 계급정치는 미군정기와 한국전쟁, 그리고 이승만 대통령의 통치기를 거치며 사실상 뿌리째 뽑혀나가 있었다. 반공주의는 대한민국의 국가이성이자 존재이유가 되었고, 계급이라는 말 자체가 이념적으로 금기시되었다. 물론 계급정치의 부재가 곧바로 지역주의 정치로 이어지지는 않는다. 그것은 구성되어야 한다. 하지만 설득력이 있어야 뿌리를 내릴 수 있다. 대자적 지역주의가 설득력 있게 구성되기 위해서는 먼저 지역을 '상상된 공동체'imagined community로 만들어야 하고, 나아가 '상상된 정치적 공동체'로 만들어 사람들에게 지역주의 의식을 고취시켜야 한다. 영남과 호남이라는 명칭은 역사적으로 오랫동안 존재했으므로, 지역을 상상된 공동체로 만드는 것은 그리 어렵지 않다.

지역을 상상된 정치적 공동체로 만드는 작업은 선거운동을 통해 수행되었다. 양 후보 진영은 자기 지역민의 충성심을 끌어내기 위해 양 지역의 차이를 부각시킬 수 있는 모든 원천을 동원했다. 이 대결은 1,300년 전의 신라와 백제의 대결에 비유되기도 했다.[162] 또한 김대중 후보는 박정희 대통령이 추구한 지역불균등 경제개발전략, 곧 경부선 축을 따라 경제적 자원을 집중하던 전략을 지역 차별이라고 비판했다. 사실 이러한 비판은 이미 1967년 대선에서 윤보선 후보가 제기한 것이었으며, 선거 전략으로서 일정한 성공을 거두었던 것으로 보인다. 아무튼 모든 근거 있는 역사적 사실과 근거 없는 역사적 사실, 정당한 비판과 부당한 비판을 통해, 상상된 공동체는 단일한

Political Participation, and Manipulation of Electoral Laws," in *Political Participation in Korea: Democracy, Mobilization and Stability*, edited by Chong Lim Kim (Santa Barbara: Clio Books, 1980), p. 62.

162. Yea, "Regionalism," p. 21.

정치적 의지를 지닌 정치적 공동체로 변화되었다. 지역을 정치적 공동체로 틀 짓는 것은 근본적으로 자의적인 것이다. 정치는 이 자의성에 필연성의 인상을 부여한다. 이러한 자의성은 지역들 사이에 일련의 정치적 연합과 분열을 거듭하게 될 1987년 이후 더욱 극적으로 드러날 것이었다.

지역주의의 부침

근거가 있건 없건 일단 정치화된 사회적 균열이 형성되면, 이후의 모든 정치적 경쟁과 투쟁은 이 균열을 따라 형성될 가능성이 높다. 그러나 1971년에 구축된 지역주의는 곧 잠복기에 들어갔다. <그림 2>는 1970년대에서 2000년까지의 국회의원 선거 중 몇몇 선거에 대해 지역주의 지수의 추이를 보여준다.

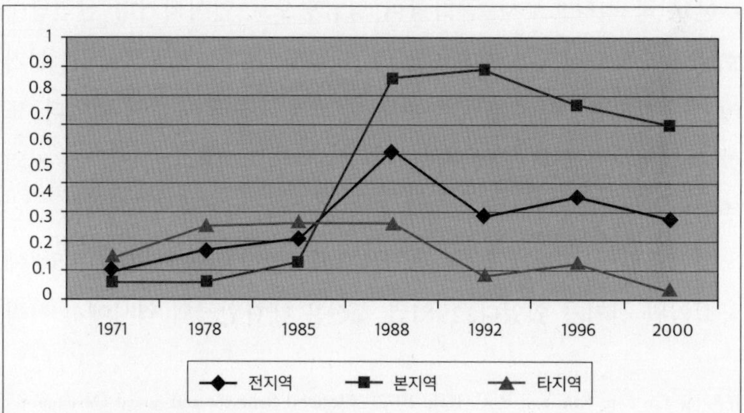

<그림 2> 국회의원 선거에서 지역주의 지수의 추이

그림에서 보듯이 1971년과 1978년의 국회의원 선거에서는 지역주의와 관련해 어떤 뚜렷한 패턴을 찾을 수 없다. 1970년대의 국회의원 선거와 관련해 두 가지 사실을 지적해야 하겠다. 첫째, 이 시기의 국회의원 선거에서는 지역주의가 아니라 이른바 여촌야도가 선거 결과를 좌우하는 경향이 있었다.[163] 여당인 공화당이 농촌지역에서 야당인 신민당을 앞선 반면, 대도시에서는 신민당이 공화당을 압도했다. 둘째, 1971년 대선에서 강한 지역주의를 표출했던 호남지역이 이들 선거에서는 공화당에 대해 어떤 적의도 표출하지 않았다. 오히려 전남의 경우 가장 친여적 성향을 보이며, 신민당에 대해 가장 낮은 지지율을 기록했다. 다른 한편, 부산은 박정희 체제에 대한 신민당의 선거 투쟁에서 일관되게 중요한 역할을 했다.

1970년대 국회의원 선거에서 이처럼 지역주의가 전혀 나타나지 않았던 이유는 물론 선거제도 때문이었다. 당시 한 선거구에서 두 명의 국회의원을 뽑았으며, 대개는 같은 지역 출신의 공화당과 신민당 후보들이 1위와 2위를 나누어 가졌다. 공화당과 신민당 역시 명실상부한 전국 정당으로서, 공화당이 영남당으로 인식되거나 신민당이 호남당으로 규정되는 일은 없었다. 요컨대 1970년대 국회의원 선거에서는 지역주의가 표현될 수 있는 정치적 제도적 공간이 없었다. 또한 유신체제의 성립과 함께 대통령 직선제가 폐지되자, 정치적 지역주의는 가장 주요한 표출 공간을 잃으며 긴 휴지기에 들어갔다.

지역주의의 휴지는 1987년까지 계속되었다. 1981년과 1985년에 국회의원 선거가 있었다. 1981년 총선은 대한민국의 역사에서 가장

163. Jae-On Kim Kim and B. C. Koh. 1972. "Electoral Behavior and Social Development in South Korea : An Aggregate Data Analysis of Presidential Elections," *Journal of Politics* 34, no. 3 (August 1972) : 825-859.

억압적인 상황 아래 치러졌으며, 주요 야당 정치인들의 다수가 정치활동 금지에 묶인 가운데 여촌야도 현상마저 사라졌다. 하지만 1985년 총선에서는 일대 전환이 일어났다. 정치활동 금지에서 풀려난 양김이 총선 직전에 신민당의 후신인 신민주당을 창당했고, 여촌야도 현상을 부활시키며 제1야당으로 급속히 부상했다. 하지만 2인 선거구제가 지속되고, 관제 야당의 존재로 야권표가 분산되면서, 지역주의는 여전히 잠에서 깨어나지 않았다. 대구가 민정당에 28.3%의 표를 주고 신민주당에 29.8%를 준 반면, 호남지역은 민정당에 28.0%를 주고 신민주당에 46.4%를 주었다.

<표 5> 1987년 대선 득표율

지역	노태우	김영삼	김대중	김종필
경남	36.5	53.7	6.9	2.6
경북	68.1	26.6	2.5	2.4
전남	7.3	1.0	91.3	0.3
전북	14.1	1.5	83.5	0.8
충남	26.2	16.1	12.4	45.0
충북	46.9	28.2	11.0	13.5
서울	30.0	29.1	32.6	8.2
경기	41.0	28.1	22.1	8.7
강원	59.3	26.1	8.8	5.4
제주	49.8	26.8	18.6	4.5
평균	36.5	28.0	27.1	8.1

자료 : 중앙선관위. http://www.nec.go.kr

주 : 기타 후보는 생략. 노태우 후보의 본 지역은 경북, 김영삼 후보의 본 지역은 경남, 김대중 후보의 본지역은 전남과 전북, 김종필 후보의 본지역은 충남과 충북으로 간주

1987년 대선에서 지역주의는 완전히 부활했고, 그 어느 때보다 격렬한 형태를 취했다. <표 5>에서 보듯이, 각 후보는 약간의 예외를

제외하고 자신의 본거지에서 압도적으로 승리했다. 지역주의 지수는 본지역 지수가 0.837, 타지역 지수가 0.189, 전지역 지수가 0.494로, 최고 수준에 이르렀다. 이러한 격렬한 지역주의적 결과는 유세과정에서 이미 예측되었다. 특히 영남지역과 호남지역의 적대감은 폭력사태를 야기할 정도로 악화일로를 치달으면서, 노태우 후보와 김영삼 후보는 광주에서 유세를 할 수 없었고, 김대중 후보 역시 부산에서 거의 유세를 하지 못했다. 지역주의가 긴 휴지기 끝에 이렇게 급작스럽고 격렬하게 나타나게 된 이유는 무엇인가?

1971년 대선에서 대통령 선거가 지역 대결로 펼쳐진 이상, 그리고 그 기억이 선명하게 남아 있는 이상, 1987년 대선이 지역주의 선거로 귀결된 것은 거의 필연적이었다. 하지만 '거의 필연'을 필연으로 만든 것은 말할 것도 없이 야권 단일 후보와 관련한 양김의 타협 실패였다. 지난 20년간 야권 지도자로서 정치적 경쟁을 하면서도 독재라는 공동의 적 앞에서 동맹을 형성해 왔던 두 민주화 지도자는 눈앞에 둔 대권을 앞두고 끝내 타협을 이루지 못했다. 두 지도자는 자신이 더 유력한 야권 후보임을 증명하기 위해 대규모 집회 등을 통해 세력 대결을 펼쳤으며, 이 과정에서 지역주의를 동원했다. 두 지도자의 대결이 영남과 호남의 지역 대결 양상으로 전개됨에 따라, 전체 선거판도도 독재와 민주주의의 대결이 아니라 지역 대결로 변화되었다. 충청지역을 등에 업은 김종필의 참여 역시 1987년 대선을 지역 대결로 전환시키는 데 한몫을 했다. 그리하여 투표일 시점에서는 이미 지역 균열이 독재와 민주의 균열을 완전히 대체하며 전면적 지역주의 정치의 시대를 열어 놓은 상태였다.

양김의 분열로 인해 1987년 대선은 군사독재의 종언을 확인하는 최후의 의례가 아니라, 영남-호남 지역 대결의 새로운 시작이 되었다. 이에 따라 전두환 군사독재도 군사독재 그 자체로 규정된 것이 아니라, 또 다른 지역세력 곧 TK세력으로 규정되었다. 이러한 독재세력의 지역세력화는 지역주의가 전두환 독재에 선물한 치명적 면죄부였다. 양김이 어떤 식으로든 타협을 이루었다면 독재와 민주의 균열은 유지되었을 것이며, 설사 지역주의가 영향을 미친다 해도 경북을 한편으로 하고 경남과 호남을 다른 한편으로 하는 지역 대결이 펼쳐졌을 것이다. 나아가 'TK'라는 명칭 자체도 대구-경북을 의미하는 일반적 용어가 아니라, 지역적 연고에 기초한 소수 엘리트 파당을 의미하는 특수한 용어가 되었을 것이다. 양김의 분열이 독재세력의 사면으로 이어진 최종 결과는 독재의 승리, 민주의 패배였다.

1987년의 민주화 이행과 지역주의

지역주의와 이에 따른 민주세력의 분열은 군부독재세력에게 손쉬운 승리를 안겨주었고, 따라서 1987년 대선은 민주세력의 관점에서 볼 때는 '강성' 군부정권이 '연성' 군부정권으로 바뀌는 과정이었을 뿐이다. 그렇다면 지역주의는 군사독재의 지속과 민주화의 지연에 결정적인 역할을 했던 셈이다. 하지만 절차적 민주화 과정 전체를 놓고 보면 의도하지 않았던 몇 가지 역설적인 역할을 했다.

두 가지 질문에 대한 대답을 통해 이 지역주의의 역설을 살펴보기로 하자. 첫째, 민주화 세력과 전두환 체제는 애초에 어떻게 해서 민주화 협상에 임하게 되었는가? 더 구체적으로 말해, 전두환 체제는 왜 민주화 세력에 대해 대통령 직선제를 양보하게 되었는가? 둘째, 1987년 대선 이후 민주화 세력과 노태우 연성 군부정권은 어떻게 해서 상대방과 공존하기로 결심했는가?

첫 번째 질문에 답하기에 앞서 우선 '제3물결 민주화'에 관한 헌팅턴의 분류를 보기로 하자. 헌팅턴은 『제3의 물결: 20세기 후반의 민주화』에서 1776년 미국혁명과 1789년 프랑스대혁명이 민주주의시대의 역사적 기원을 마련한 이래, 세 번의 민주화 물결이 있었다고 주장했다.[164] 첫 번째 물결이 1828-1926년, 두 번째 물결이 1943-1962년, 세 번째 물결이 1974년 이래 일어났으며, 이 사이에는 민주주의가 역전되는 시기가 있었다. 제3물결 민주화는 1974년 포르투갈과 1975년 스페인의 민주화에서 시작해, 헌팅턴이 이 책을 출간한 1993년 현재까지 전 세계에서 일어난 일련의 민주화 도미노를 가리킨다. 헌팅턴이 살아 있었다면 몇 년 전 아랍 국가들에서 일어난 오렌지 혁명도 제3물결 민주화에 집어넣었을 것이다.

제3물결 민주화는 총 16개국에서 일어났으며, 헌팅턴은 이들을 세 가지 유형으로 나눈다.[165] 첫째, '전환'transformation은 기존의 지배 엘리트들이 자발적으로 민주화과정을 주도하는 것이다. 프랑코 사후, 당시 수상이던 아돌포 수아레즈가 유럽 문명국의 일원으로서 더 이상 야만적인 독재는 부끄러워 견딜 수 없다며 개시한 스페인의 민주화가 대표적인 사례이다. 둘째, '대체'replacement는 야권세력이 민주화과정을 주도해 기존의 권위주의체제가 붕괴되거나 타도되는 것이다. 우리나라와 비슷한 시기에 코라손 아키노 여사가 마르코스 정권을 타도하고 민주화에 성공한 사건이 우리에게는 가장 익숙한 대체의 사례이다. 세 번째 마지막 유형은 '전환'의 요소와 '대체'의 요소

164. Samuel Huntington, The Third *Wave: Democratization in the Late Twentieth Century* (Norman: University of Oklahoma Press, 1993), pp. 13-26.

165. 위의 책, pp. 113-4.

가 결합된 경우이며, 헌팅턴은 이 유형에 대해 합성어를 써서 '전환대체'transplacement라 부른다. 전환대체는 집권세력과 야권세력의 공동행동으로 민주화과정을 시작하는 것이다. 노태우의 6·29선언 이후 전두환과 야권 지도자의 협상으로 대통령 직선제를 통해 민주주의를 부활시킨 한국의 민주화도 전환대체의 사례이며, 헌팅턴의 분류에 따르면 16개국 가운데 11개국이 전환대체에 속한다.

따라서 헌팅턴의 용어를 이용해 첫 번째 질문을 다시 하면, 한국은 어떻게 해서 전환대체에 착수하게 되었는가 하는 것이다. 다시 1987년으로 되돌아간다. 한국 정치는 이미 1986년 하반기부터 대통령 직선제를 둘러싸고 극도로 불안정해지기 시작했고, 1987년 초 박종철 고문치사 사건을 거치며 마침내 6월에 대규모 국민운동으로 폭발했다. 6월항쟁은 6월 10일에서 29일까지 계속되었고, 수백만의 시민이 거리로 쏟아져 나오면서 해방 이래 최대의 동원을 기록했다. 전두환 정권은 항쟁의 규모와 강도가 경찰의 힘을 넘어서자 처음에는 군대를 동원해 시위를 진압하는 방안을 고려했지만, 결국 6월 29일 국민의 요구에 굴복했다. 하지만 생존에 필요한 괜찮은 각본을 가지고 있었다. 전두환이 직접 민주화 조치를 발표하는 형식이 아니라, 노태우가 대통령 직선제를 포함해 여덟 가지 민주화 조치를 전두환에게 건의하고 전두환이 이를 받아들이는 형식이었다. 어떤 학자들은 노태우의 6·29선언을 강경파와 온건파의 갈등이라는 관점에서 분석한다.[166] 이것은 이론의 여지가 많다. 당시 많은 사람들은 6·29선언이 전두환 체제의 생존 및 권력 유지 전략의 첫 단계라 생각했으며, 전

166. Tun-Jen Cheng and Eun Mee Kim, "Making Democracy: Generalizing the South Korea Case," pp. 125-47 in *The Politics of Democratization: Generalizing East Asian Experiences*, edited by Edward Friedman (Boulder: Westview Press, 1994).

두환 자신도 1992년에 이 선언을 자신의 작품이라 주장한 바 있다. 전두환의 주장이 얼마만큼 진실인지는 결코 알 수 없으나, 6·29선언이 6월항쟁에 대한 전두환 체제 전체의 대응임은 분명하다.[167] 대규모 민주주의 투쟁 앞에서도 전두환 체제는 심각한 내부 분열 없이 자신의 생존전략을 체계적으로 추진할 만큼 충분히 힘이 있었다. 아무튼 왜 전두환은 군대 동원을 포기하고 신민주당과 국민의 요구를 수용했는가?

가장 중요한 이유는 미국의 압력이었던 것으로 보인다. 사실 전두환이 6월 19일 부산에 대한 위수령을 철회한 것도 주한 미국대사 제임스 릴리James Lilley의 설득 때문이었다. 또한 6월 23일에는 국무부 동아시아태평양 담당 차관보 개스턴 시거Gaston Sigur가 방한해 군부의 동원에 대한 미국 정부의 강한 반대 의견을 전두환 정권에 전달했다. 미국 정부의 이러한 강경한 입장은 전두환의 선택에 거의 절대적인 제한을 가했다. 당장 정권의 명운이 걸려 있지 않는 이상, 또한 또 다른 선택의 여지가 없는 이상, 미국의 요구를 물리치는 것은 불가능했다.

다행히 전두환의 책상 위에는 또 다른 옵션이 올라와 있었다. 전두환이 군부 동원을 고려하던 것과 거의 비슷한 시점에, 지배 블록 안에서는 대통령 직선제를 통해 권력을 유지하는 방안이 제출되고 있었다. 미국 정부가 군부 동원에 강하게 반대하자, 이 옵션이 탄력을 얻기 시작했다. 이 옵션은 두 가지 계산에 기초해 있었다. 하나는

167. Sejin Pak, "Two forces of Democratization in Korea," *Journal of Contemporary Asia* 28, no. 1 (1998): 45-73; John Kie-Chiang Oh, *Korean Politics: The Quest for Democratization and Economic Development*(Ithaca and London: Cornell University Press, 1999); Junhan Lee, "Political Protest and Democratization in South Korea," *Democratization* 7(3), 2000: 181-202를 보라.

1985년 이래의 3저 호황 덕분에 크게 팽창한 중산층을 상당수 자기 편으로 끌어들일 수 있으리라는 것이었다. 전두환 정권이 이를 위해 가장 먼저 행한 일이 노태우를 민주화의 영웅으로 만드는 것이었다. 그러나 더 중요한 것은 대통령 직선제를 수용해도 야권에서 적어도 두 명 이상의 유력 후보가 나올 것이고 이 덕분에 자신들이 승리할 수 있으리라는 계산이었다. 물론 전두환 정권의 계산이 옳았다. 야권 단일 후보에 관한 협상이 최종적으로 결렬되자, 김대중은 11월 12일 공식적으로 김영삼이 이끌던 신민주당을 탈당한 후 대통령선거일을 약 한 달 앞두고 평화민주당을 창당했다. 양김의 공식적 결별은 민주 대 독재의 대결에서 지역 대결로의 전환을 의미했다. 전두환 체제가 대통령 직선제를 받아들이기로 했을 때 예상하고 희망했던 것이 바로 이것이었다.

전두환 체제의 도박이 지역주의와 관련된 냉정한 계산에 기초해 있었다면, 양김의 선택은 현존 정치 지형에 제대로 근거하지 않은 소망적 사고였을 뿐이었다. 김영삼은 경남의 표와 중산층에 대한 자신의 광범위한 인기로 승리를 할 수 있으리라고 생각했고, 김대중은 영남의 표가 분할되는 가운데 호남과 서민층의 표를 모으면 쉽게 승리할 수 있으리라고 생각했다. 김종필이 충청지역에서 상당한 표를 흡수한 것도 노태우의 승리와 양김의 패배에 큰 역할을 했다. 지역주의는 군부독재세력에게 예고된 횡재를 가져다주었다. 지역주의는 이미 한국 정치의 돌이킬 수 없는 일차 변수가 되어 있었으며, 독재 진영과 민주 진영 정치 행위자들 모두의 선택을 구조화하며 한국식 민주화 이행의 근본적 조건을 제공했다.

민주주의 공고화의 시멘트

대규모 유혈 폭력을 통해 지배세력과 야권세력 둘 중 하나가 완전히 파멸하는 옵션을 제외할 경우, 민주주의 이행과 공고화 과정에서 가장 중요한 것은 주요 정치행위자들이 판 그 자체를 깨지 않도록 하면서, 민주주의를 우리 동네의 유일한 게임으로 만드는 것이다. 이 때문에 민주화 이행의 초기에는 기존 지배세력에 대해 안전을 보장해 주고 민주주의의 판 그 자체를 놓는 것이 대단히 중요한 쟁점이 된다. 지배세력에 대한 안전보장과 민주주의 판짜기는 보통 좌우의 급진세력으로부터 공격을 당하게 된다. 따라서 제3물결 민주화과정에서 민주화를 향해 원활한 이행을 할 수 있는지 아닌지는 좌우의 급진세력을 어떻게 배제하느냐에 달려 있었다. 노사모에서 펴낸 『유쾌한 정치반란』의 한 기고자는 이를 '그들끼리의 협약에 의한 민주화의 양상'이라 표현했지만, 이 '그들끼리의 협약'이야말로 민주화 이행의 핵심이라는 것이 학자들의 일반적인 의견이다. 강한 보수주의자로 알려진 헌팅턴의 결론이자, 한 때 분석적 마르크스주의자에 속했던 쉐보르스키의 결론이기도하다.

우리나라의 상황으로 보자면, 군부 강경파와 운동권을 어떻게 타협을 통한 민주화에서 배제하는가 하는 문제였다. 하지만 당시 군부 대부분은 전두환과 노태우의 '유사민주화를 통한 독재체제 재생산' 프로그램에 찬성했고, 운동권도 군부세력의 즉각적 퇴진이 아니라 대통령 직선제 개헌을 목표로 내걸면서 전략적 온건 노선을 택했다. 하지만 군사독재세력의 도박이 성공하면서, 모든 것은 1987년 이전으로 되돌아가는 듯했다. 좌절한 양김은 선거 무효를 선언했고, 운동권은 구로당사를 점거했다. 1988년 총선 이후 정치가 다소 안정된 후에도, 운동권은 급진적이고 대중적인 학생운동과 노동운동에 기초해 끊임없이 유사 군사독재체제를 공격했다. 요컨대 노태우 대통령 시기는 민주화 이론에서 민주주의의 심화 혹은 공고화 단계의 초기에 해당하지만, 정치적으로 대단히 불안정하고 위험한 시기였다. 1987년 대선 이후의 시기에는 이처럼 대단히 격렬하고 혼란스러운 정치 상황이 펼쳐졌지만, 이러한 상황 아래에서도 과거 독재세력과 민주세력은 결국 공존과 동거를 택하게 되었다. 이 절에서는 두 적대세력이 공존과 동거를 선택하게 되는 과정을 그린다.

민주화 협상 이후 가장 중요한 쟁점은 민주주의의 토대를 놓게 되는 정초 선거foundational election의 결과에 모든 주요 당사자들이 승복compliance을 하는 것이다. 민주화 이론의 고전으로 꼽히는 쉐보르스키의 『민주주의와 시장』에 기초해, 한국에서의 민주주의의 공고화 과정을 해석하기 위한 이론적 틀을 놓아보기로 한다.

쉐보르스키에 따르면 민주주의는 스포츠 게임처럼 일정한 규칙 하에서 진행되지만 결말이 정해져 있지 않은 제도system of ruled open-endedness이다. 혹은 "조직화된 불확실성"의 제도이다. 불확실성이 뜻하는 것은, 모든 정치 행위자들에 대해 승리의 확률도 패배의 확률도 공정하게 똑같아야 한다는 것이다. 그는 민주주의를 정의할 때 승리보다 패배가 더 중요하다고 보면서 민주주의를 "정당들이 선거에서 지는 체계"로 정의한다.[168] 민주주의가 지속되려면 패배자들이 정치과정의 결과에 대해 승복을 해야 하기 때문이다. 따라서 민주주의의 공고화란 선거 결과에 대한 패배자들의 자발적 승복이 제도화되는 것이다. 왜 패배자들이 자발적으로 승복하는가? 그것은 현재의 선거에서

168. Adam Przeworski, *Democracy and the Market*, p. 13.

패배했을지라도 멀지 않은 미래에 다시 선거가 있을 것이고, 이 미래의 선거에서는 이길 수 있을 것이라고 믿기 때문이다. 현재의 패배와 무관하게 미래에 이러한 상황이 반복될 수 있을 때, 결과에 대한 승복이 일어나며 민주주의는 공고화된다.[169] 헌팅턴은 여야 사이의 '두 차례 권력교체 시험'two turn-over test을 거치면 민주주의가 공고화된 것으로 볼 수 있다고 주장했다. 즉, 여당에서 야당으로 권력이 교체되었다가, 다시 원래의 여당이나 여타 정당으로 권력이 교체되는 시점에서 민주주의가 마침내 안정되었다고 보는 것이다.[170] 헌팅턴의 두 차례 교체 테스트를 쉐보르스키의 용어로 표현하면, 두 차례의 승복이 일어나 민주주의 게임이 반복적 게임이 되었다는 것이다. 결론적으로 쉐보르스키는 민주주의 게임이 스스로를 유지할 수 있으려면, 더 구체적으로 말해 결과에 대한 승복이 제도화되려면, 두 가지 조건이 충족되어야 한다고 본다. 첫째, 모든 유의미한 정치세력들이 특정한 규칙 하에서 최소한의 승산을 가질 수 있어야 한다. 둘째, 모든 유의미한 정치세력들이 물질적 복지의 개선을 위한 기회를 실질적으로 가질 수 있어야 한다.

쉐보르스키가 제시하는 이 두 조건은 아주 당연한 이야기로 들리지만, 결코 그렇지 않다. 예컨대 어떤 급진적 정치세력이 상당한 정치적 영향력을 가지고 있음에도 불구하고, 극심한 지역주의 투표 패턴과 소선거구제 하에서 득표율에 따른 의석 배분마저 존재하지 않는다면, 그리고 이런 상황이 계속된다면, 민주주의 규칙에 승복하지 않고 탈의회적 권력 추구를 꾀하게 될 것이다. 또한 민주주의 하에서 경제 붕

169. 위의 책, p. 37.

170. Huntington, 앞의 책, pp. 266-267.

괴가 항구화된다면, 이 민주주의는 오래 가지 않을 것이다. 사실 김영삼 정부가 탄생했을 때, 일부 보수 언론은 민주주의가 권위주의보다 경제를 더 잘한다는 것을 증명하라는 사설을 내기도 했다. 하지만 이 경제적 효과성 조건은 민주주의에만 해당되는 것이 아니다. 어떤 체제라도 장기적으로 국민을 먹여 살리지 못한다면 붕괴하게 될 것이다.

그러므로 민주주의의 경제적 효과성 문제는 접어두고 공정성 문제에 집중하기로 하자. 승복 문제는 민주주의 제도가 공정하지 않을 때 일어난다. 쉐보르스키의 논의에 있어 공정성은 사실 자격과 절차라는 두 가지 측면에서의 공정성을 뜻한다. 그에 따르면, 민주주의 게임의 규칙이 규정하는 것은 "(a) 정치 참가자로서 받아들여지기 위한 기준, (b) 수용 가능한 전략을 이루는 행위 경로, (c) 갈등이 종결되는 기준"이다.[171] 첫 번째 기준은 민주주의 게임을 위한 자격을 가리키고, 두 번째와 세 번째 기준은 민주주의 게임의 형식적 절차를 가리킨다. 따라서 민주주의 게임은 자격과 절차의 면에서 공정해야 공정한 것이다. 요컨대 민주주의는 자격적 정당성과 절차적 정당성을 제도화해야 패자의 승복을 얻을 수 있다. 다수의 제3물결 민주화 국가들에서 자격적 정당성 문제는 절차적 정당성만큼 핵심적 쟁점으로 제기되어 민주주의의 이행과 공공화 과정에서 큰 문제를 초래하곤 했다. 예컨대 스페인에서 수아레스가 스페인공산당의 선거 참여를 허용하고자 했을 때 군부에서 큰 반발이 일어났다.[172] 반대로 민주화

171. Przeworski, "Some Problems in the Study of the Transition to Democracy," in *Transitions from Authoritarian Rule: Comparative Perspectives*, edited by Guillermo O'donnell, Philippe Schmitter, and Laurence Whitehead (Baltimore and London: The Johns Hopkins University Press, 1986), p. 56.

172. Juan Linz and Alfred Stepan, *Problems of Democratic Transition and Consolidation: Southern Europe, South America, and Post-Communist Europe* (Baltimore and London:

이행에서 급진세력이 거의 언제나 주장하는 것은 과거 권위주의 세력을 새 민주주의 게임에 참여시켜서는 안 된다는 것이다. 하지만 제3물결 민주화에서 자격 문제는 보통 정초 선거가 치러지기 전에 해결되는 경우가 많았다. 특히 민주화가 여야의 협상으로 이루어질 경우 자격적 정당성 문제는 처음부터 논외였다. 우리나라도 이 경우에 해당했다.

하지만 논외가 되었던 자격적 정당성 문제가 다시 정치 무대에 떠오르는 상황이 일어날 수 있으며, 이것이 바로 1987년 대선 이후에 일어났던 일이다. 노태우의 승리가 절차적으로 공정했다 할지라도, 그는 광주학살을 통해 성립한 전두환 군사독재의 직접적 상속자였다. 따라서 민주화 세력은 노태우가 애초에 민주주의 게임에 참여할 자격이 없었음을 강조함으로써 선거의 정당성을 사후적으로 부정하고, 그럼으로써 선거를 통해 정당화된 독재를 사후적으로 다시 부정하고자 할 수 있었다. 사실 양김을 포함한 민주화 세력이 노태우의 6·29선언을 받아들이기로 결정한 이유는, 절차적으로 공정한 선거하에서는 그들의 승리가 확실하리라는 생각 때문이었다. 이 예상이 어긋나자 양김은 즉시 선거를 부정선거로 규정하고 한 동안 결과에 승복하지 않았다. 한편 급진 운동권 역시 끊임없이 노태우 대통령을 광주학살의 주범으로 규정하고, 그의 집권기간 내내 민주주의 게임에의 참여 자격 문제를 제기했다. 이제 막 걸음마를 떼기 시작한 민주주의에 대해 민주화 세력이 심각한 도전을 가하는 상황이 전개되었던 것이다.

다른 한편, 과거의 독재세력 역시 새로운 민주주의 정치를 거부할

The Johns Hopkins University Press, 1996), p. 97.

가능성이 있었다. 첫째, 급진 운동권이 마르크스주의와 주체사상을 이념적 기치로 삼고 노태우 정권을 맹공했다. 둘째, 6월항쟁 직후 노동자대투쟁을 통해 노동운동이 비약적으로 성장하면서, 노태우 정권 전반기에 노동쟁의가 최고조에 이르렀다. 노동쟁의 건수는 1985년 265건, 1986년 276건, 1987년 4,749건, 1988년 1,873건, 1989년 1,616건, 1990년 322건, 1991년 234건이었다. 노동쟁의로 잃은 노동일수도 1989년 5,400,837일, 1990년 6,351,433일로, 전두환 체제가 위기에 처했던 1987년의 6,946,035일에 크게 뒤지지 않았다.[173] 민주주의의 공고화에 치명적 중요성을 가지고 있었던 시기에 노동운동이 절정에 이르렀던 것이다. 셋째, 1988년 총선에서 야당이 승리해 해방 이후 처음으로 여소야대가 이루어졌다. 이로 인해 노태우 정권은 거의 모든 정치적 쟁점에서 야당의 공세에 시달려야 했다. 대표적인 예는 광주학살 청문회와 관련된 것이었다. 전두환 그 자신을 비롯해 지배블록 내에서 상당한 저항이 있었지만, 노태우 대통령은 결국 야당의 압력에 굴복해 전두환의 공개 사과와 백담사 행을 받아들여야 했다. 야당과 급진세력의 이 모든 공세로 인해, 과거 독재세력은 뭔가를 해야 한다고 느꼈다. 이 뭔가는 걸음마 단계의 선거 민주주의의 판 그 자체를 날려버리는 것일 수도 있었다. 사실 1988년과 1989년에 친위쿠데타가 일어날지 모른다는 풍문이 여러 차례 있었다.

한국에서 민주주의의 공고화는 이 두 가지 도전에 대한 답을 찾아가는 과정이었다. 먼저 걸음마 민주주의에 대한 민주화 세력의 도전에 대해 살펴보자. 앞에서 언급했듯이, 김종필을 제외한 양김은 부정선거가 대대적으로 자행했다고 주장하면서 선거 결과에 승복하지 않

173. Oh, *Korean Politics*, p. 197.

았다. 운동권은 부정선거가 자행된 대표적인 곳의 하나로 지목되었던 구로구청을 일주일 가깝게 점거했다. 민주화 세력의 주장이 전 국민의 공감을 얻지는 못했지만, 양김의 지지기반이었던 경남지역과 호남지역은 큰 좌절감을 드러내었다.

하지만 대선 직후의 정치적 긴장은 또 다른 정초 선거였던 1988년 4월 총선 속으로 흡수되었다. 주요 정당은 노태우의 민주정의당, 김영삼의 통일민주당, 김대중의 평화민주당, 김종필의 신민주공화당이었다. 4자는 기존 2인 선거구제의 변경을 놓고 협상에 들어갔다. 처음에는 각자 자신에게 유리한 선거구제 개편안을 제안했다. 이러한 교착상태는 민정당이 예기치 않게 입장을 바꿔 평민당이 제안한 1인 선거구제에 동의하면서 깨졌다. 당시 국회에서 단독으로 과반수를 차지하고 있던 민정당은 어떤 제안도 모두를 만족시킬 수 없으리라는 것을 깨닫고 평민당의 묵인 아래 1인 선거구제를 관철시켰다. 민정당의 계산은 얼마 전의 대선 때처럼 양김의 분열로 인해 특히 접전지역에서 야당의 표가 분산되어 전국적 승리를 거둘 수 있으리라는 것이었다. 평민당 역시 호남지역을 석권하는 데 더해 수도권의 다수 선거구에서 호남표 특유의 결집력에 기초해 승리를 거두면 제1야당으로 부상할 수 있으리라고 생각했다. <표 6>이 보여주듯이, 김대중의 계산이 정확했던 데 반해, 민정당은 심각한 계산 착오를 범하고 단독 다수당의 지위를 잃었다. 이 총선에서 평민당은 전국적 득표율에서는 통일민주당에 뒤졌지만, 호남지역이 평민당 이외의 다른 어떤 정당에게도 단 한 석도 내주지 않음에 따라 통일민주당을 제치고 제1야당으로 부상했다. 반면 여타 정당의 본거지에서는 불과 1-3%밖에 득표하지 못했다. 이 선거의 지역주의 지수를 보면 본지역 지수가 0.844, 타지역 지수가 0.291, 전지역 지수가 0.569였다.

<표 6> 1988년 총선의 득표율

지역	민주정의당	통일민주당	평화민주당	신민주공화당
경남	36.1	45.7	1.5	8.6
경북	49.9	26.0	0.8	14.9
전남	19.2	0.7	73.6	1.1
전북	28.8	0.8	61.5	2.5
충남	30.2	15.0	3.8	46.5
충북	43.7	16.0	1.4	33.3
서울	26.2	23.4	30.0	16.1
경기	40.0	23.8	15.3	18.5
강원	43.5	21.9	4.0	20.1
제주	36.0	27.1	6.0	3.4
전국	34.0	23.8	19.3	15.6

자료 : 중앙선거관리위원회. http://www.nec.go.kr
주 : 기타 정당은 생략. 정당의 본 지역

1988년 총선은 한국 정치가 민주 대 독재의 대결에서 지역 대결로 옮아갔음을 알리는 또 다른 신호였다. 세 야당은 약간의 예외를 제외하면 자신의 본거지를 석권했고, 이는 분할지배전략에 기초해 국회 과반수를 차지하려던 집권 민정당의 그릇된 희망을 좌절시켰다. 이 전략이 민정당의 계산대로 작동했다면, 총선은 4자 간의 대결이었을 것이다. 하지만 전반적으로 보면, 지역주의는 이 전국 선거를 지역적 2자 대결의 산술적 합으로 만들었다. 호남지역에서는 민정당 대 평민당, 영남지방에서는 민정당 대 통일민주당, 충청지역에서는 민정당 대 공화당이 2자 대결을 벌였고, 서울, 경기, 강원, 제주에서만 4자 대결이 이루어졌다. 따라서 민정당은 전국적으로는 큰 실패를 맛볼 운명이었던 것이다.

민정당의 패배와 야당의 승리는 걸음마 선거 민주주의에 대한 민주세력의 도전 문제를 완전히 해결했다. 선거 결과에 대한 승복이 일어나려면 주요 정치 행위자들이 선거에서 최소한의 권력 기반을 확보할 확률이 공정하게 보장되어야 한다는 쉐보르스키의 주장을 상기해 보자. 이 총선에서 각 야당은 주어진 규칙 하에서 대권에 대한 야망을 다시 점화시킬 수 있을 만큼 국회에서 상당한 의석을 확보했다. 특히 가장 강한 소외의식을 느끼는 호남을 대변하고 사회운동세력과 누구보다 강한 유대를 형성해 왔던 김대중이 제1야당의 지위를 차지한 것이 중요했다. 이제 그는 더 이상 탈의회적 정치에 기댈 필요 없이 현행 민주주의 게임을 고수할 충분한 동인을 마련했다. 실제로 그는 선거 직후 정당하고 올바른 타협은 언제든지 수용할 것이라고 선언했다. 이로써 새로운 민주주의 게임의 자격적 정당성 문제는 사실상 해소되었다.

현행 민주주의 게임을 유지하려는 김대중의 의지와 노력은 노태우 대통령의 중간평가 문제와 관련한 격심한 정치적 갈등에서 잘 드러났다. 1987년 대선에서 노태우 후보는 자신이 집권할 경우 집권 중반기, 곧 1990년경에 국민투표를 통해 중간평가를 받겠다고 공약했다. 민주주의를 공고화하는 길에서 이 쟁점은 아주 폭발적인 지뢰가 될 수도 있었다. 실제로 이 쟁점은 1989년에 가장 긴급한 정치 사안이 되었다. 1985년에서 1987년까지의 3저 호황 이래 한국 경제는 침체기에 있었고, 노태우 대통령 자신 우유부단한 통치 스타일로 강한 비판에 직면해 있었기 때문에, 그는 공약을 지키고 싶은 마음이 없었다. 제2야당의 처지로 전락한 김영삼은 자신의 정치적 입지를 강화하기 위해 노태우 대통령의 공약 파기 시도를 더욱 강하게 공격했다. 하지만 김대중은 노태우 대통령이 중간평가에서 패배할 경우 민주주의의 판 자체가 깨지며 정치권이 감당하기 어려운 일이 있어날 것을 우려해, 노태우 대통령과 막후 협상에 들어가 김영삼의 격렬한 반발에도 불구하고 중간평가를 요구하지 않기로 했다.

한편, 지역주의 총선에서 나타난 정치적 균형은 아주 불안정한 것이었다. 김대중을 제외하고는 누구도 현행 게임에 만족할 수 없었기 때문이다. 우선, 노태우는 국회에서 과반수를 확보한 강경 야당에 순응할 수밖에 없는 정치적 상황, 동시에 급진적 학생운동과 노동운동이 자신의 인내력을 한없이 시험하는 정치적 상황에 좌절감을 느꼈다. 민주주의를 연구하는 학자들 일부는 총선 이후에 전개된 이러한 종류의 정치적 배치, 곧 과반수 정당이 없는 상황에서 다당제가 대통령제와 결합되는 배치가 민주주의에 가장 위험한 배치라고 주장한다.[174] 이 궁지를 돌파하는 노태우 대통령의 전략은 거리의 풍문처럼 친위쿠데타를 일으켜 신생 민주주의의 틀 자체를 일소하는 것이 아니라, 정당정치의 규칙 안에서 편을 다시 가르는 것이었다. 그는 이른바 공안정국을 조성해 급진세력을 공격하는 동시에, 야당 일부와 손을 잡고자 했다. 그는 처음에는 제1야당 당수인 김대중에게 손을 내민 것으로 알려졌지만, 김대중의 거부로 결국 김영삼, 김종필과 손을 잡게 되었다. 김영삼은 통일민주당이 제1야당의 지위를 잃은 이래 자신의 정치적 입지가 축소되고 있다고 느꼈다. 변화가 필요했다. 국회에서 35석밖에 없었던 김종필 역시 현재로서는 대권의 꿈을 꾸기 어려웠다. 이 막후 정치게임의 최종 결과가 바로 1990년 1월 22일에 민정당, 통일민주당, 신민주공화당이 민주자유당으로 합당한 것이었다.

174. Scott Mainwaring, "Presidentialism, Multipartism, and Democracy : The Difficult Combination," *Comparative Political Studies* 26, no 2 (July 1993) : 198-228 ; Przeworski et al., "What Makes Democracies Endure?"

곧 '보수대연합'으로 장식된 삼당합당이었다. 이 합당은 사실 보수대연합이기보다는 호남에 대한 경남, 경북, 충청의 지역대연합이라고 하는 것이 맞다. 합당이 발표되었을 때 사람들을 가장 놀라게 한 것은 평생 민주화 지도자의 한 사람으로 활동했던 김영삼이 군사독재세력과 손을 잡았다는 사실이었다. 그는 호랑이를 잡기 위해서는 호랑이 소굴로 들어가야 한다는 논리로 독재와의 결혼을 변명하고 자신의 당원들을 설득했다. 곧 자신은 트로이의 목마 전술을 펼치고 있으며, 독재세력 안에서 민주주의를 가져오겠다는 것이었다.

김영삼의 모험은 무엇보다 한국 정치가 민주와 독재의 대결에서 지역 대결로 이행했다는 측면에서 이해되어야 할 것이다. 이 이행은 민주화 지도자로서의 그의 도덕적 부담감을 덜어주었을 뿐만 아니라, 현행 지역주의 정치구도 하에서는 대권의 꿈을 이룰 확률이 없다고 느끼게 했다. 결국 그는 59명의 통일민주당 국회의원 중에서 46명을 설득해 민자당으로 데리고 들어갔다. 이 삼당합당 자체가 전면적 지역주의 정치 시대로의 결정적 이행을 알리는 또 다른 상징이었다.

지역주의 정치로의 결정적 이행은 이어지는 선거에서 공고화되었다. 지역주의 지수의 추이에 관한 위의 그림들은 1987년 이래, 지수의 절대값이 점차 낮아지고 있다고는 해도, 본지역 지수와 타지역 지수의 차이가 안정적으로 거의 변하지 않고 있음을 보여준다. 영남과 호남의 적대는 여러 가지 도전에도 불구하고 여전히 강하게 남아 있었다. 예컨대 1992년 대선에서는 정주영이 엄청난 재원에 기초해 영남·충청 연합 대 호남 사이의 지역 대결 구도에 균열을 내는 동시에 강원도에서 또 다른 지역주의를 조장하는 데 성공했다. 하지만 이 선거의 지역주의 지수는 본지역 지수가 0.666, 타지역 지수가 0.067, 전지역 지수가 0.494로, 정주영이 현행 지역주의 정치 틀을 깨뜨리는 데는 실패했다.

삼당합당은 과거의 군사독재세력이 비군사적 방식으로 정치적 위기에 대응한 것이라 할 수 있다. 이 대연합이 가능할 수 있었던 부분적인 이유는 지역주의가 한국 정치를 민주와 독재 사이의 원리적 대결에서 지역들 사이의 비원리적 실용적 대결로 이행시키는 데 일조했기 때문이다. 물론 지역주의가 없었다고 해도 한국 민주주의는 어떤 식으로든 공고화의 길을 밟았을 가능성이 높다. 분명한 것은 지역주의가 민주주의의 공고화 시기에 각 정치 행위자들이 자신의 정치 전략을 구상할 때 가장 중요한 변수가 되었다는 것이며, 이런 의미에서 역설적이게도 신생 민주주의의 안정화에 일정한 기여를 했다는 것이다.

공고화 이후의 심화

1987년에서 1990년에 이르는 결정적인 민주주의 이행기 이후에도 지역주의는 계속해서 한국 선거 민주주의의 시멘트가 되었다. 지역주의는 각 정당이 자신의 본거지에서 높은 득표율을 올릴 수 있다는 것을 뜻한다. 따라서 지역주의 정치 지형에서는 둘 이상의 지역세력들이 그들의 득표력을 결합해 타 지역에 대항하는 승리 연합을 구축할 가능성이 아주 높다. 따라서 1987년에 선거 민주주의가 회복된 이래 지역주의적 고려에 기초한 정당 간 합당 혹은 연합이 한국 정치의 일반적 특징이 된 것은 전혀 놀라운 일이 아니다. 1990년의 삼당합당은 대표적인 예이다. 또 다른 중요한 예는 1997년에 김대중이 김종필과 호남-충청 연합을 구축한 것이다. 따라서 1987년 이래 한국 정치는 정당들의 연합과 분열을 특징으로 한다. 모든 주요 정당은 최소한 한 번 이상 합당 혹은 분열을 겪었다. 이 절에서는 이 연합과 분열의 이야기를 추적하면서, 그 이후 선거 민주주의가 어떻게 전개되었는지를 간략히 살펴본다.

급진세력의 염원과는 반대로 이제 민주와 독재의 원리적 대결은 지역주의 정치에 자리를 물려주게 되었다. 그리고 이 지역주의 정치는 다양한 정치세력이 정치적 경쟁에서 우위를 점하기 위해 거듭 편을 다시 짜려는 시도에 발맞춰 갔다. 1993년 김영삼 대통령은 고위공직자 재산 공개와 금융실명제 같은 일련의 개혁에 착수했다. 이것은 현행 지역주의 정치 지형에 두 가지 결과를 초래했다. 첫째, 그의 개혁 프로그램 다수는 TK 엘리트를 주요 표적으로 삼고 있었다. 이에 따라 영남 지역주의 내에서 TK 지역주의가 부활했다. 둘째, 1995년 그는 자신의 개혁 노력을 심화 확대하려는 노력을 내보이기 위해 김종필을 집권 민자당의 권력 중심에서 몰아내고자 했다. 그리하여 충청 지역주의도 다시 타올랐고, 김종필과 그의 추종세력은 민자당을 탈당한 후, 이미 축출되어 있던 TK 세력과 힘을 합쳐 자유민주연합을 창당했다. TK 지역주의는 1996년 김영삼 대통령이 전두환과 노태우를 광주학살의 주모자로 처벌하면서 더욱 심화되었다. 1990년에 형성된 영남-충청의 지역대연합은 붕괴되었다.

김대중은 이 붕괴를 이용해 이른바 지역등권론을 주창하며 새로운 지역연합을 구축하고자 했다. 이 연합은 이상적으로는 김영삼 대통령의 PK 세력에 대항하는 호남-충청-TK의 대연합일 것이었다. 김대중은 결국 1997년 대선이 다가오면서 김종필과 지역 연합을 구축했다. 이 대선에서 김대중은 1.6%라는 아주 근소한 차이로 이회창에 승리를 거두었다. 그의 승리는 물론 호남-충청 지역 연합과 김영삼 대통령의 경제적 실패에 힘입은 것이었다. 사실 전대미문의 경제적 재난이었던 외환위기를 고려하면, 김대중은 훨씬 더 큰 격차로 승리할 수 있었을 것이다. 그러나 이 가능성은 그에 대한 영남지역의 뿌리 깊은 적의로 실현될 수 없었다. 영남지역의 표는 물론 이회창에게로 갔다. 하지만 그는 경북에서는 66.9%를 얻은 데 비해, 경남에서는 53.8%밖에 얻지 못했다. 이는 이회창이 외환위기를 초래한 김영삼 대통령에 대해 선을 긋는 선거 전략을 택하면서, 경남지역의 민심 일부가 그에게 등을 돌렸기 때문이다. 2002년 대선은 지역주의 타파를 자기 정치의 주요 목표로 삼았던 노무현의 등장으로, 적어도 표면적으로는 지역주의가 상당히 탈색된 선거였다. 또한 그가 특별한 지역 연고가 없는 정몽준과 연합한 것도 한국의 선거정치에서 지역주의를 약화시키는 데 일정한 몫을 했다. 하지만 내용적으로는 기본적으로 여전히 영남과 호남의 대결이었으며, 더욱이 투표일 직전에 충청도로의 수도 이전을 공약함으로써 다시 한 번 영남 대 호남-충청 연합의 대결 구도가 펼쳐지게 되었다. 이 선거에서 노무현은 호남을 정치적 근거지로 하면서도 그 자신 경남 출신이어서, 호남을 석권하는 가운데 영남에서도 상당한 득표율을 올려 이회창에 승리를 거두었다.

지역 연합의 이러한 변화에 따라 정당들도 끊임없이 합당과 분열을 거듭했다. 모든 주요 정당이 적어도 한 번 이상 합당 혹은 분열을 겪었다. 1987년 시점에서 집권 여당이던 민정당은 삼당합당을 통해 민자당으로 바뀌었고, 그 이후 개칭을 통해 신한국당, 한나라당, 새누리당으로 바뀌었다. 제1야당이던 평화민주당은 민주당으로 바뀌었다가, 김대중의 정계 복귀 이후 새정치국민회의, 새천년민주당, 열린우리당, 민주당, 새정치민주연합으로 바뀌었다.

이러한 끝없는 합당과 분열을 보면, 한국의 정당정치가 지역주의로 인해 극히 불안정했던 것처럼 보이지만, 민주주의 게임 그 자체는 비록 소란스럽다고는 해도 아주 안정적이었다. 지역적 연합과 분열을 통해 자신의 전략적 입지를 계속 재설정해갈 수 있는 이러한 독특한 정치 지형 하에서 어떤 주요 정치세력도 탈의회적 수단에 의지하여 현행 민주주의 게임 틀을 무너뜨릴 동기가 없었다. 김영삼 대통령의 개혁과정에서 권력을 박탈당한 군사독재체제 출신의 인사들조차 지역주의에 호소해 정치에 복귀할 수 있었다. 요컨대 지역주의는 주요 정치세력들에게 선거 민주주의의 틀 안에 머물 수 있게 할 만한 최소한의 정치적 기반을 확보해주었던 셈이다. 지역주의는 절대적 승자와 절대적 패자를 허용하지 않고, 부분적 승자와 부분적 패자만을 허용한다. 이러한 정치 지형은 정당정치의 틀 내에서 고도의 조작 가능성을 부여한다. 소수의 탈당자들이 정치권력의 전반적 균형에 큰 차이를 만들어낼 수 있다는 것이다. 따라서 정치 행위자들이 선거의 직접적 결과에 승복하고 싶지 않더라도, 불승복은 민주주의 게임의 틀 내에서, 즉 편을 다시 가름으로써 일어난다. 특정한 하나의 게임에 대한 불승복이 게임의 본질적 규칙에 대한 승복의 형태로 일어난다는 것이다. 지역주의는 일정한 지역에서는 '조직된 확실성'을 의미하지만, 지역주의의 이와 같은 조작 가능하고 변화무쌍한 성격으로 인해 한국 선거 민주주의는 전국적 차원에서는 조직된 불확실성을 유지할 수 있었다. 물론 나라의 절반은 지역주의에서 자유로웠다는 사실을 함께 언급해야 하겠다. 지역주의는 또한 절대적 승자와 절대적 패자를 허용하지 않음으로써, 이른바 제왕적 대통령 권력에 대한 견제와 균형의 메커니즘으로 작용하기도 했다. 특히 민주화 이행기에 대권을 둘러싼 생사를 건 투쟁은 허약한 민주주의 그 자체를 위험에 몰아넣는다. 우리나라의 경우 이러한 위험은 지역주의가 각 정치 행위자들에게 일정한 권력 기반을 약속함으로써 상당히 완화되었다. 폴란드와 체코슬로바키아 같은 여타 전환대체의 경우, 정치적 긴장을 완화시키기 위해 민주화 세력과 과거 권위주의 세력의 제도적 공존을 아주 세밀하게 설계했다. 폴란드의 경우 1988년 라운드테이블 협약에서 비경쟁적 선거로 의회의 65% 의석을 채움으로써 여야에 일정한 권력 기반을 확보해주기로 했다. 체코에서는 내각을 여야가 반분하기로 합의했다. 이 나라들과 한국 사이에는 권력 공유가 어떻게든 보장되었다는 점에서 유사성이 있다. 차이가 있다면, 이 나라들에서는 공유가 제도적으로 보장되었고, 우리나라에서는 지역주의 투표로 보장되었다는 점이다. 대단히 역설적이기는 하지만, 이러한 지역주의를 통해 한국의 신생 민주주의는 민주화 세력과 과거 군사독재세력이 상황에 따라 제기할 수도 있었던 도전을 피해 나갈 수 있었다.

지역주의의 뜻밖의 역할

지역주의는 일차적으로 정당과 정치 지도자들이 만들어내는 담론적 산물이다. 그들은 거의 잊힌 역사적 기억들까지 꺼내어 필요한 수정을 가한 후 상상된 정치적 공동체를 창조하고 동원했다. 지역들 사이에 큰 경제적 격차가 존재하지 않았고, 군사체제가 차별적 엘리트 충원을 추구하지 않았다는 말이 아니다. 김진국이 지적하는 것처럼, 이러한 지역 격차는 다른 모든 역사적 기억들과 함께 지역주의의 담론적 구축에 들어가서 지역주의를 정당화하는 근거로 이용되는 재료라는 것이다.[175] 특히 호남 지역주의가 그렇다. 호남 지역주의는 다른

175. 김진국, 「지역감정의 실상과 해소방안」, 한국 심리학회 88년도 춘계 심포지움 심리학

지역들의 지역주의보다 훨씬 더 응집적이고 지속적인데, 이는 그것이 실제로 존재하는 지역 격차에 근거해 구축되었기 때문이다. 더욱이 현재의 정치적 경제적 차별로부터 고통을 받고 있다는 느낌은 먼 과거의 역사적 패배들에 대한 발명된 기억과 교차되었다. 르낭이 민족에 대해 말한 것은 호남 지역주의에도 아주 잘 맞아떨어진다. "나는 방금 '함께 고통을 받은 것'에 대해 이야기했는데, 사실 공동의 고통이 공동의 기쁨보다 사람들을 더 잘 단결시킨다. 민족적 기억에 관한 한, 슬픔은 승리보다 더 값진 것이니, 슬픔은 의무를 부과하고 공동의 노력을 요구하기 때문이다."[176] 김대중 대통령이 30년의 역경 속에서 대선에 네 번 출마하고 마지막 한 번 성공하는 과정에서, 그리고 광주민주화운동의 고난을 함께 겪으면서, 호남인의 슬픔, 분노, 소망은 지속적이고 응집적인 지역주의로 연결되었다. 이 응집된 호남 지역주의에 대해 경남과 경북은 변화하는 지역적 배치에 따라 때로는 함께 때로는 따로 대응해 나갔다.

일반적으로 말해 지역주의는 그 기원이 무엇이든 민주주의를 침해하는 경향이 있다. 하지만 한국의 지역주의는 아주 다르게 작용했다. 첫째, 한국 지역주의는 전두환 체제가 민주세력에게 대통령 직선제를 양보하기로 결정한 배경이었다. 한국 지역주의의 역설은 한국의 선거민주주의가 노태우 정부 하에서 걸음마를 떼기 시작했을 때 더 분명히 드러났다. 1987년 대선은 군사독재 출신의 한 후보자가 절차적 정당성을 갖고 대통령에 당선되는 예기치 않은 상황으로 끝이 났다. 따라서 자격의 정당성 문제가 다시 부상해 현행 정치게임을 뒤

에서 본 지역감정 (서울, 1988).

176. Ernest Renan, "What is a Nation," in *Nation and Narration*, edited by Homi Bhabha (London : Routledge, 1990), p. 19.

흔들 수도 있었다. 하지만 여소야대의 결과를 가져온 1988년 총선은 이 문제의 해결에 기여했다. 지역주의가 최소한의 권력 확보를 보장하는 특이한 정치지형 안에서, 김영삼과 김대중은 탈의회적 급진 사회운동 세력과 손을 잡고 정치게임을 뒤흔들 필요를 느끼지 못했다. 야당세력이 1987년 대선 결과에 승복하지 않을 이유가 있었다면, 노태우 체제는 1988년 총선 결과에 승복하지 않을 이유가 아주 많았다. 엄밀히 말해 노태우는 결과에 승복하지 않았다. 왜냐하면 1990년의 삼당합당을 통한 지역 재배열로 인해 야당의 승리가 갑자기 여당의 압승으로 뒤바뀌었기 때문이다. 하지만 이것은 민주주의 게임의 틀 안에서 일어났다. 정치의 지역주의적 배치로 인해, 게임의 직접적 결과에 대한 불승복이 게임의 본질적 규칙에 대한 승복의 형태를 취할 수 있었다.

물론 지역주의와 이에 따른 지역주의 정치가 한국의 민주화 이행과 공고화에 관한 이야기 전부를 이루는 것은 아니다. 내가 설명하고자 하는 것은 무엇보다 민주화 이행과 공고화의 '원활함'이다. 지역주의 정치가 없었다면 한국의 민주화 이행이 영원히 불가능했을 것이라고 말할 수는 없다. 아무튼 한국 국민들은 1987년 6월 한국 현대사에서 최대의 규모로 민주화를 밀어붙였으며, 군부의 동원에 대한 미국 행정부의 반대로 인해 전두환 체제가 군부를 동원해 국민의 민주주의운동을 진압하고 향후의 민주주의 게임을 붕괴시킬 기회는 거의 없었다. 하지만 지역주의 정치가 존재하지 않는 가설적 상황에서 한국이 그렇게 원활한 민주화 이행과 공고화를 이루기는 어려웠을 것이다. 이러한 가설적 상황은 1987년 이전과 같은 형태의 민주주의-독재 대결이 더 오랜 기간 지속되는 상황이었을 것이다. 이러한 상황이라면 군사체제가 민주세력에게 대통령 직선제를 양보하기가 쉽지 않았을 것이다. 민주화 요구에 굴복했다 하더라도 틀림없이 광범위한 부정선거를 저질렀을 것이며, 민주화 세력의 승복도 없었을 것이다. 물론 이러한 정면대결 속에서 더 급속하고 더 철저한 민주화가 이루어질 수도 있었을 것이며, 급진주의자들이 바라던 것도 이러한 시나리오였을 것이다. 그러나 이러한 경로는 불확실성과 폭발성으로 가득 찬 길이었을 것이며, 새 민주주의가 성취될 확률만큼 붕괴할 확률도 높았을 것이다.

한국의 민주화 이행과 공고화의 특징은, 다른 제3물결 민주화 국가에서는 대개 민주화 세력이 승리한 정초 선거에서 군부 세력이 승리했다는 것이다. 이로 인해 한국의 민주화 이행은 "민주주의 규칙에 대한 동의가 성공적으로 이루어지면 이행은 본질적으로 끝난 것"이라는 디 팔마의 말보다 훨씬 더 위험스러운 것이었다.[177] 한국에서의 협상은 폴란드의 경우와 같이 상호 안전과 권력 배분에 관한 효과적이고 신뢰할 만한 보장을 수반하지 않았으며, 사실상 오로지 대통령 직선제에 대한 합의에 한정되어 있었다. 따라서 협의 후에도, 심지어 최초의 정초 선거가 끝난 후에도 한국의 민주화 이행은 끝나지 않았다. 민주주의의 모습을 취하긴 했지만, 군사 체제가 여전히 존재했다. 민주화 세력은 여전히 노태우 체제를 군사독재라고 정당하게 공격할 수 있었다. 한국의 제왕적 대통령제에는 이미 높은 판돈이 걸려 있었지만, 이러한 정치적 긴장으로 인해 이 판돈은 더욱 올라갔고, 높아진 판돈은 이 정치적 긴장을 더욱 위험하게 만들었다. 이러한 제도적 배치는 지속 가능하지 않을 가능성이 높으며, 사실 지속 가능하지 않

177. Giuseppe Di Palma, To *Craft Democracies* (Berkeley and Los Angeles: University of California Press, 1990), p. 109.

았다. 이 정치적 긴장은 분산되어야 했으며, 이 과제는 적어도 부분적으로는 지역주의 정치에 의해 완수되었다.

지역주의 정치는 두 가지 중요한 측면에서 궁극적으로 제왕적 대통령제에 걸린 높은 판돈을 축소시키는 작용을 함으로써 민주화에 이바지했다. 첫째, 지역주의는 민주주의 대 독재라는 원칙적 투쟁이 지역 사이의 보다 실용적인 경쟁으로 전환하는 데 이바지했다. 이로 인해 정치적 적들이 타협에 도달하기가 더 쉬워졌고, 정치적 행위자들이 선거를 죽느냐 사느냐의 문제로 인식하지 않게 되었다. 둘째, 지역주의는 항상 주요 정치 행위자들에게 어떤 최소한의 정치적 권력을 보장해 주었다. 권력 분점은 깨어지기 쉬운 민주화 이행기에 극히 중요한바, 한국이 권력 분점을 성취한 것은 제도적 설계를 통해서가 아니라 선거 결과들의 어떤 내재적 구조를 통해서였다. 그 결과, 선거 패자들은 현행 민주주의 게임을 고수할 동인이 더 커졌고, 선거 승자들은 제왕적 대통령 권력을 완전히 행사할 지렛대가 더 작아졌다. 이러한 지역주의 정치배치 하에서 주요 정치 행위자들이 전념하는 것은 이합집산을 통해 자신의 위치를 전략적으로 재조정함으로써 정치적 요충지를 점령하는 것이었다.

민주화의 재평가

1987년 6월항쟁은 우리나라에서 민주주의를 비가역적 정치질서로 만든 중요한 사건이었다. 민주주의를 일단 형식적으로 자유롭고 공정한 선거를 통해 국민의 대표자를 뽑는 체계로 정의할 때, 4월혁명 직후와 같은 민주주의의 짧은 막간극이 간헐적으로 존재했지만, 이는 어김없이 독재로 회귀되었다. 짧은 민주주의와 긴 독재의 연쇄를 항구적으로 끊은 것이 6월항쟁이었지만, 이는 결과론일 뿐 1987년의 시점에서 6월항쟁은 노태우 정부라는 유사군사독재로 귀결된 "유산된 혁명"이었다. 사실 운동권이 사회주의적 대중운동으로 본격적으로 진화해 나가기 시작한 것도 6월항쟁과 그 직후의 노동자 대투쟁을 경유하면서였다. 당시의 운동권의 관점에서 6월항쟁에서 1987년 대선에 이르는 시간은 실패의 시간이었고, 4월혁명 이후처럼 민주에서 독재로의 회귀 시간이었다. 나아가 삼당합당이라는 '명예쿠데타' 이후 제도권 정치는 1987년 대선과 1988년 총선이 남긴 불안정과 불균형을 종식시키며 안정기에 접어들었다. 제도권 정치의 안정은 중장기적으로 운동권의 고립을 의미했으며, 이는 현존 사회주의의 몰락과 결합해 '혁명의 시대'의 공식적 종언을 의미했다. 이후 운동권은 지배질서에 어떤 유의미한 위협세력도 될 수 없었다.

따라서 학생운동과 사회운동에 참여했거나 직접 참여하지는 않았지만 운동의 대의에 동조했던 사람들에게는 우리나라의 민주화과정이 유례없이 험난하고 아주 불철저한 것이었다는 인식이 많다. 예컨대 6월항쟁은 한국 사회의 부르주아지, 신흥 귀족에 해당하는 파워엘리트들이 군사귀족을 대신해 정치의 전면에 나서게 된 미완의 혁명이었다는 것이다. 하지만 이것은 한국 안에서 6월항쟁과 그 이후의 민주화를 바라보는 시각일 뿐, 한국 밖에서 바라보면 전혀 다른 그림이 나온다. 비슷한 시기에 민주화를 겪은 나라들을 비교해 보면 우리나라의 민주화과정이 가장 순조롭고 철저한 민주화에 속했다.

비교사회적 관점에서 볼 때, 민주주의로의 이행이 가장 어려운 나라들은 종교 갈등이나 인종 갈등처럼 사회적 화해가 쉽지 않은 갈등을 겪는 나라들이다. 이러한 나라들에 비한다면, 우리나라는 상당히 좋은 사회적 조건을 갖추고 있었던 셈이다. 하지만 그 어떤 경우에도 민주화 이행이 순풍에 돛 달듯이 진행되지는 않는다. 우리나라의 경우에도 민주화 이행을 어렵게 할 수 있는 요인들이 있었다. 우선, 우리나라처럼 전환대체를 통해 민주주의로의 이행을 시작하는 경우, 여야 사이에 보통 상호 안전 및 권력 배분과 관련된 "보장의 교환"이 이루어졌다. 앞에서 말했던 것처럼 폴란드와 체코슬로바키아가 그 전형적인 사례이다. 전환대체가 아닌 경우에도 제3물결 민주화에서는 대부분의 나라에서 집권세력과 야권세력 사이에 일정한 형태의 협상이 있었다. 스페인처럼 독재체제를 스스로 청산하는 경우에도, 과거의 반인륜적 범죄에 대한 야권세력의 용서가 필요했던 것이다. 하지만 한국의 경우 과거의 군사독재세력이 직선 대통령 선거에 참여할 수 있다는 것만 보장되었을 뿐, 그 이외의 어떤 안전 보장도 없었다. 군사독재체제의 운명을 비롯한 모든 것은 1987년 12월로 예정된 대통령 선거의 결과에 좌우되었다.

또 다른 심각한 위협은 바로 대통령중심제였다. 민주화 연구의 대가인 후안 린즈Juan Linz는 대통령중심제보다 의원내각제가 민주화에 훨씬 유리하다고 주장한다. 대통령중심제가 권력의 승자독식으로 이어지는 반면, 의원내각제는 권력의 분점을 특징으로 하기 때문이다.[178] 대통령제라도 나이지리아나 스리랑카처럼 잘 설계만 되면 대통령제가 민주주의에 반드시 더 위협적이라 할 수는 없다는 주장도 있지만,[179] 쉐보르스키와 그의 동료들은 135개국을 대상으로 린즈

178. Juan Linz, "The Perils of Presidentialism," *Journal of Democracy* 1 (Winter 1990) : 51-69 ; "The Virtues of Parliamentarism," *Journal of Democracy* 1(4), 1990 : 84-91. Linz and Stepan, *Problems of Democratic Transition and Consolidation*, pp. 141-42도 보라.

179. Donald Horiwitz, "Comparing Democratic Systems," *Journal of Democracy* 1(4), 1990.

의 주장이 일반적으로 옳다는 것을 경험적으로 확인했다.[180] 나아가 1987년 당시 우리나라의 대통령제는 일반적 대통령중심제보다 훨씬 더 위험한 요소를 가지고 있었다고 할 수 있다. 대통령의 권력이 제왕적 권력이라 할 정도로 거의 무소불위의 힘을 가지고 있었기 때문이다.

위에서 나는 지역주의 정치지형 속에서 1987년 대선과 1988년 총선을 거치며 이러한 잠재적 위험이 어떻게 완화되어 갔는지를 논의했다. 민주주의로의 안정적 이행이라는 측면에서 볼 때, 특히 1988년의 총선 결과는 역사의 간지奸智가 발휘된 것으로 볼 수 있다. 만약 민정당이 대통령 권력과 의회 권력을 동시에 장악하는 상황이 전개되었다면, 한국의 향후 정치상황은 훨씬 더 폭발적으로 전개되었을 것이다. 하지만 야당세력이 의회의 다수를 차지하면서 대통령 권력을 견제할 수 있게 되었고, 평민당의 제1야당으로의 부상도 한국 정치의 잠재적 폭발성을 상당히 완화시켰다. 어떻게 보면 이 두 번의 선거를 통해 군부세력과 야권세력은 서로 최악의 상황을 피해 갔다고 할 수 있다. 아주 역설적이게도 모든 유의미한 정치세력에게 최악의 상황을 면할 수 있게 해준 것은 지역주의였다. 노태우의 집권을 가능하게 한 것은 지역주의에 기초한 지역분할전략이었고, 야당의 세 유력 지도자에게 최소한의 의회 권력을 보장해준 것도 지역주의였다. 정말 역설이 아닐 수 없다.

180. Przeworkski, Alvarez, Cheibub, and Limongi, "What Makes Democracies Endure?"; Alfred Stepan and Cindy Skach, "Constitutional Frameworks and Democratic Consolidation: Parliamentarianism versus Presidentialism," *World Politics* 46(1), 1993: 1-22 역시 의회주의가 민주주의를 더 잘 뒷받침할 수 있는 헌법적 틀임을 경험적으로 증명했다.

두 가지 정초 선거 이후 우리나라는 김영삼 대통령, 김대중 대통령, 노무현 대통령을 차례로 맞이했고, 흥미롭게도 이는 이념적으로 온건보수, 온건진보, 진보로의 여정이었다. 헌팅턴은 민주화 이행의 초기에 온건세력이 집권할수록 민주주의가 공고화될 확률이 높다고 주장했는데,[181] 우리나라도 이러한 사례의 하나였다. 사실 이 과정에서 중간평가 이슈처럼 신생 민주주의를 위협하는 지뢰밭들이 있었지만, 우리나라는 주요 정치세력들이 자신의 당면한 이해를 추구하는 과정에서 이 지뢰밭들을 잘 피해갔다. 개별 정치세력의 정치적 선택은 책략이라는 이름이 가장 잘 어울릴지 모르지만, 집합적으로는 민주주의의 원활한 공고화라는 공공선을 만들어 내었던 것이다. 루소가 말했듯이, 인간 사회에서는 종종 악이 모여 선을 이루는 법이다.

전체적으로 볼 때, 우리나라의 민주화과정은 적어도 절차적 민주주의 면에서는 대단히 성공적이고 원활한 과정이었다. 앞에서 말했던 것처럼, 헌팅턴은 여야 사이의 "두 차례 권력교체 시험"을 거치면 민주주의가 공고화된 것으로 볼 수 있다고 주장했다. 우리나라는 이명박 대통령의 집권으로 마침내 헌팅턴의 시험을 통과했으며, 2007년의 시점에서 아시아에서 이 시험을 제대로 통과한 나라는 사실상 우리나라가 유일했다. 일본은 1990년대에 이 시험을 통과했지만, 이는 자민당의 분열로 인해 정파들이 이합집산하는 과정에서 일어난 불완전한 것이었고, 따라서 우리나라보다 늦게 최근에야 이 시험을 제대로 통과했다고 할 수 있다. 다수의 민주화 연구자들은 스페인의 민주화과정을 제3물결 민주화 가운데 가장 모범적인 민주화로 꼽는다. 하지만 스페인의 경우조차, 1981년 2월 23일 200명의 군인들이

181. Huntington, 앞의 책, p. 171.

국회의사당을 장악했다가 그 다음 날 투항한 쿠데타 시도가 있었다. 우리나라는 1987년 이후 과거의 군부독재세력이 재집권하고 급진운동권이 강력한 대중운동을 펼치는 상황에서도 민주주의의 판 자체를 깨려는 파국적 시도는 없었다. 적어도 표면적으로 보면 스페인보다 더 원활한 민주화과정이었던 것이다.

운동권의 입장에서는 이 모든 과정이 민주주의의 이상과 거리가 먼, 불철저하기 짝이 없는 과정이었다. 하지만 현실 정치에서 민주주의로의 이행은 온갖 위험으로 가득 찬 지난한 과정이다. 도덕적 이상을 성급히 급진적으로 추구하면, 판 자체가 깨지고 유혈 폭력의 그림자가 드리워지기 시작한다.

헌팅턴은 제3물결 민주화 국가들 대부분이 민주화 이행기에 두 가지 치명적인 쟁점과 마주쳤다고 관찰한다.[182] 첫 번째 쟁점은 '고문자문제'torturer problem로서, 반인륜적 인권 범죄를 저지른 학살자들을 어떻게 처리하는가 하는 문제이다. 두 번째 쟁점은 '군부문제'praetorian problem로서, 군부의 정치적 개입을 어떻게 차단하는가 하는 문제이다. 우리나라의 경우, 노태우 대통령이 집권했을 때는 이 두 문제가 국민이 원하는 만큼 이루어지지 않았다. 하지만 김영삼 대통령이 집권했을 때, 군부문제는 '하나회'의 신속하고 과감한 척결을 통해 다른 나라에서 보기 드물 정도로 철저히 해소되었다. 일반적으로 말해, 고문자문제는 훨씬 더 해결하기 어려운 문제였다. 많은 나라에서 과거의 학살자들에 대한 안전보장이 이루어졌을 때에야 민주주의로의 이행이 시작되었고, 야권세력이 집권한 후에 고문자들을 처리하려 할 때에도 과거 집권세력이 결사적 저항을 했기 때문이다. 따라서 헌

182. 위의 책, 제5장.

팅턴은 고문자문제에 관한 한 어떤 해법도 높은 정치적 비용을 치러야 한다고 보며, 그나마 가장 덜 불만족스러운 해법은 “기소하지 말 것, 처벌하지 말 것, 용서하지 말 것, 그리고 무엇보다 잊지 말 것”이라고 주장했다.[183]

정치적 비용 외에도 고문자문제를 처리하기가 쉽지 않은 또 다른 이유가 있다. 과거의 학살과 고문은 불법적으로 자행되었지만, 이에 대한 심판과 처벌은 합법적으로 이루어져야 한다는 것이다. 심판과 처벌은, 학살과 고문의 증거가 거의 인멸된 상황에서, 그래도 증거에 기초해 합리적 의심을 배제하는 길고 지루한 과정을 거쳐야 한다. 칠레와 아르헨티나는 군부독재시절 최악의 인권 유린을 자행한 국가들로, 아르헨티나의 경우 고문 등으로 살해되었을 것으로 추정되는 실종자수가 거의 30,000명에 이른다. 실종자의 어머니들이 모여 만든 “오월 광장의 어머니회”의 염원과 활동에도 불구하고 고문자문제는 아직까지 계속되고 있다. 칠레의 피노체트는 민주화 이행기에 사법처벌을 면제받았다. 우리나라의 경우도 광주학살의 책임자를 규명하고 처벌하기 위한 사법적 심판은 김영삼 대통령이 1995년 소급입법의 논란을 빚은 “5·18특별법”을 만들고 나서야 간신히 성사되었다. 임기 초기 광주문제와 관련해 “진상 규명과 관련해 미흡한 부분이 있다면 이는 훗날의 역사에 맡기는 것이 도리”라고 했던 김영삼 대통령이 이렇게 태도를 바꾼 것은 당시 대선자금 문제로 야기된 정치적 궁지에서 탈출하기 위한 것이었다. ‘고문자문제’에 대한 지연된 정략적 해결이었던 셈이다. 그러나 아무튼 우리나라의 민주화과정에서는 고문자문제도 우여곡절을 겪으며 다른 나라와 비교할 때 더 철저하게

183. 위의 책, p. 231.

해결되었다. 덧붙여 말하면, 1997년 12월20일 전두환과 노태우에 대한 사면·복권은 김대중 대통령 당선자가 국민통합을 위해 그들의 사면·복권을 요청하고 김영삼 대통령이 이를 받아들이면서 이루어진 것이었다.

1987년 민주주의가 회복된 이래 거의 30년이 되었다. 한 세대 후 한국의 민주주의는 국제적으로 어떤 위치에 와 있는가? 영국 『이코노미스트』 지의 계열사 "이코노미스트 인텔리전스유니트"EIU는 2006년 이래 전 세계 167개국에 대해 격년으로 민주주의지수를 발표하고 있다. 이 지수는 '선거 절차와 다원주의', '시민의 권리', '정치참여', '정치문화', '정부의 작동'으로 이루어져 있다. 이 지수의 값에 따라 '완전한 민주주의', '결함 있는 민주주의', '혼합체제', '권위주의체제'로 분류된다. 한국은 2006년에 31등으로 결함 있는 민주주의로 분류되었고, 일본의 20등에 이어 아시아에서 2등이었다. 2010년에는 전체 20등으로 완전한 민주주의국가가 되었고, 일본(22등)을 앞서면서 아시아 1등이 되었다. 2012년에는 다시 22등으로 일본에 이어 아시아 2등이 되었지만, 완전한 민주주의 지위를 유지했다. 국제비교를 위한 모든 지수가 그렇듯이, EIU의 민주주의지수도 여러 가지 문제를 가지고 있다. 하지만 지수의 구성요소들을 자세히 뜯어보면, 이 지수가 민주주의의 다양한 요소를 다루고 있는 상당히 포괄적인 지표로 구성되어 있음을 알 수 있다. 결론적으로, 한국의 민주주의는 경제와 마찬가지로 선진국 수준에 진입했다고 할 수 있다.

과거 운동권의 도덕적 이상에 비추어 볼 때, 우리의 민주화과정과 현재의 민주주의 수준에 심각한 결함이 있는 것은 사실이다. 특히 '평등'이라는 실질적 민주주의 요소의 측면에서 보면, 오히려 퇴보한 측면도 있다. 앨리스 암스덴을 비롯한 몇몇 서구학자들은 동아시아 국가들이 개발 시기에 서구 국가들에 비해 높은 사회적 평등을 유지한 것에 놀라워한다. 역설적이게도 민주화 이후 우리나라의 사회적 평등수준은 독재시절보다 더 악화되었고, IMF 사태는 결정적 촉매였다. 민주화 이후의 빈부격차 확대는 다수의 신생 민주주의국가들도 똑같이 걷고 있는 현상이다. 이는 민주화가 진행되면서 시장에 대한 국가의 통제력이 약화되었기 때문이며, IMF 이후 신자유주의의 길을 본격적으로 걷기 시작한 한국도 예외가 아니었다. 하지만 우리나라가 지금 과거 어느 때보다 높은 수준의 민주주의와 시민적 자유를 누리고 있다는 것은 어김없는 사실이다.

이것이 지난 한 세대에 걸친 민주화의 큰 그림이다. 급진진보세력은 민주화의 계기를 마련하는 데 결정적인 역할을 했지만, 지뢰가 가득한 민주화 이행기에 그 급진성을 벗거나 그렇지 않으면 배제되어야 했으며, 이것이 제3물결 민주화의 일반적 규칙이었다. 그리고 큰 그림으로 보면, 그리고 비교사회학적으로 보면, 이것은 비교적 괜찮은 결과를 내었다.

4

맺는 말: '강한 정체성의 정치'의 종언을 위해

이렇게 한국은 제2차 세계대전 이래 근대화의 두 과제인 산업화와 민주화를 세계에서 가장 성공적으로 그리고 가장 포괄적으로 성취한 나라의 하나가 되었다. 하지만 하나의 문제를 해결하면 다른 문제가 나타나기 마련이다. 문제를 해결할 때 결함이 있는 해법을 써서 새로운 문제가 나타나기도 하지만, 당시의 상황에서 가장 이상적인 해법을 썼다 해도 문제는 반드시 나타난다. 세상은 변하기 마련이고, 인간과 그리고 인간이 만들어낸 제도는 관성을 가지기 마련이어서 변화의 힘과 관성의 힘이 충돌하기 때문이다.

우리의 발전 전략과 민주화 과정이 비교적 괜찮은 결과를 내었다 해도 결함이 없는 것은 아니었다. 더욱이 우리의 산업화와 민주화는 선진국이 근대화를 완성해 가던 환경과는 전혀 다른 환경에서 이루어졌다. 정보기술을 비롯해 새로운 과학기술이 산업지도를 완전히 바꾸어 놓았다. 정보기술은 또한 지구화를 새로운 차원으로 심화시켰다. 1980년대 이래 신자유주의가 경제에서 헤게모니를 장악해, 세계화 역시 신자유주의 버전의 세계화가 진행되었다.

이 모든 것의 결과로 우리나라는 지금 근대화 과정에서 직면했던 것과 전혀 다른 차원의 문제군들에 직면하고 있다. 이것을 탈근대적 문제군이라 부를 수 있을 것이다. 탈근대적 문제군들은 근대 일반의 고유한 문제에서 비롯된 것도 있고, 우리나라의 특수한 근대화 과정에서 비롯된 것도 있으며, 근대라는 특정한 시기와 반드시 연관지을 수는 없으나 하필 이 시기에 나타난 것도 있다. 우리나라에 제기되고 있는 탈근대적 문제군 가운데 지구라는 행성의 차원에서 제기되는 문제는 지구온난화와 그로 인한 기후변화이다. 그 다음으로 큰 차원의 문제는 세계화일 것이다. 세계화는 국민국가인 대한민국에 외적 강제로 작용한다. 중국의 부상도 우리나라의 경제와 외교에 전략적 재조정을 요구하는 탈근대적 문제로 볼 수 있다. 저출산고령화, 양극화, 청년실업, 다문화사회로의 전환도 우리나라의 시스템 전환을 요구하는 대표적인 탈근대적 문제군이라 할 수 있다. 이와 같은 탈근대적 문제군들은 대체로 근대화 과정에서 배태되었지만 전통적인 보수와 진보의 의제를 뛰어넘는 문제들이다. 정도의 차이는 있겠지만, 재래의 보수적 대응 혹은 진보적 대응으로 쉽게 해결할 수 없는 문제들이라는 것이다. 탈근대적 문제들은 다양한 강도로 한국을 위협하고 있으며, 청년실업처럼 큰 소리를 내며 위협하는 것도 있는 반면, 저출산고령화처럼 소리 없이 서서히 훨씬 더 치명적으로 위협하고 있는 것도 있다. 이 탈근대적 문제군에 어떻게 대응하느냐에 따라 이 향후 미래가 크게 달라질 것이다.

모든 사회적 문제들의 해결은 자원 배분의 재편을 요구하며, 탈근대적 문제들은 기존의 자원 배분 양식을 근본적으로 바꿀 것을 요구하고 있다. 따라서 이 문제들의 해결을 위해서는 결국 정치권이 앞장설 수밖에 없다. 탈근대적 문제군의 해결에 탈근대적 정치가 필요하리라는 것은 얼핏 형식논리적으로 보기에도 타당하게 여겨진다. 탈근대적 정치를 위해서는 탈근대적 정치세력이 필요할 것이다. 현재 탈근대적 정치세력은 유의미한 현실 세력으로서는 존재하지 않으므로, 문제는 기존의 정치세력이 탈근대적 자기 혁신을 할 수 있는가 하는 것이다. 쉬워 보이지 않는다.

현재 우리나라의 정치를 주도하는 좌우의 대표적 정치세력은 '강한 정체성의 정치'를 행하고 있다. 나의 존재와 나의 이념을 강하게 내세우며 나의 진리성을 배타적으로 주장하는 것이 강한 정체성의 정치이다. 서구는 종교개혁 이래 약 150년 간 신교와 구교가 강한 정체성의 정치를 수행하며 유럽을 전화로 몰아넣었다. 이러한 만인에 대한 만인의 투쟁 상태에 대한 보수적 해결책이 홉스의 『리바이어던』임은 주지의 사실이다. 우리나라에서는 해방공간에서의 좌우대립이 강한 정체성의 정치의 대표적인 예이며, 현재의 정치도 해방공간의 정치의 긴 그림자라 할 수 있다. 강한 정체성의 정치는 적과 동지가 확연히 구분되는 대결의 정치이며, 대화와 타협은 원칙적으로 있을 수 없다.

반면 현대 민주주의의 지배적 형태는 대의민주주의이며, 대의민주주의는 대화, 설득, 합의, 타협에 기초해 있다. 이 정치에는 적과 동지의 구분이 없고 대화의 파트너 혹은 많이 나가보아야 논적만이 있다. 여기에는 진리성의 배타적 주장이 없고 논리적 설득력이 높으면 진리가 되고 논쟁에서 승리한다. 하지만 정치에서 하나의 진리만이 존재하는 것은 아니기 때문에 논쟁이 무한히 계속될 수 있으며, 무한히 진행될 수도 있는 논쟁과정을 끝내는 기제가 타협 혹은 다수결이다. 우리의 정체성은 원래 타협될 수 없는 것이기에 대의민주주의에서 타협되는 것은 우리의 이익이다. 우리의 본질적 정체성은 내밀한 사적 영역에 묻어 두어야 한다. 그러므로 강한 정체성의 정치는 이익의 정치를 전제하는 대의민주주의와 원칙적으로 잘 어울리지 않는다.

이익의 정치로서의 현대 대의민주주의 정치에 문제가 없는 것은 아니다. 예컨대 서구 근대 정치철학에서 가장 영향력 있는 사회계약론을 제시한 루소의 민주주의 이론에는 명백한 긴장이 내재되어 있다. 그의 사회계약론은 일반의지를 핵심으로 삼고 있는데, 이 '의지' 개념은 '이익' 개념과 밀접한 관련을 맺고 있다. 그는 『사회계약론』에서 만인의 의지the will of all와 일반의지를 구분하면서, 전자는 사익private interest을 돌보는 것인 반면 후자는 공동이익common interest만을 돌보는 것이라고 한다. 또한 만인의 의지는 단지 모든 특수의지의 합에 불과하지만, 이 합에서 서로 상충하는 것들을 상쇄하고 남는 것이 일반의지라고 주장한다.[184] 사회계약론이 제시하는 그림으로 보면, 근대 민주주의 정체는 경쟁과 타협을 통한 이익의 배분으로 체제와 체제의 정당성을 자동적으로 재생산하는 미끈한 체계인 것처럼 여겨진다.

그러나 사정은 그리 간단하지 않다. 루소는 일반의지를 민주적 정당성의 원천으로 삼으면서도, 다른 한편으로는 일반의지보다 더 개인으로부터 멀게 느껴지는 것은 없다고 말한다. 일반의지는 모든 특수의지를 모은 전체 의지가 아니라 상충하는 개인의 특수의지를 제외한 추상된 의지이므로 개인의 충성을 이끌어낼 수 없기 때문이다. 그는 한 공동체를 유지하는 데는 일반의지 외에도 다른 사회적 아교가 필요하다고 주장했다. 그리스 스파르타 시민의 애국심 같은 것이 그것이다. 그리하여 루소는 『폴란드 정부』에서 폴란드 국민들에게

184. Jean-Jacques Rousseau, The Social Contract, pp. 39-152 in Victor Gourevitch (ed.), *The Social Contract and other later political writings*, p. 60.

뜨거운 애국심으로 나라를 재건할 것을 권유한다.[185]

애국심에 대한 루소의 호소는 '이익의 배분'이라는 근대 서구 대의민주주의 정치에 내재한 어떤 긴장 혹은 결여를 표현하고 있는 것으로 볼 수 있다. 서구에서 자연법으로서의 기독교가 쇠퇴하면서 공동체를 묶는 최종적인 사회적 아교가 된 것은 헌법이었다. 서구의 헌법은 '자유민주적 기본질서'를 수립하기 위한 오랜 투쟁의 결실이었으며, 그 토대 위에서 이익 배분의 정치로서의 의회정치가 진행되었다. 어떤 의미에서 이익의 정치라는 관념이 풍기는 피상성은 그를 떠받치고 있는 헌법의 역사적 깊이에 의해 상쇄되고 있는 것이라 볼 수도 있겠다. 대규모 혁명과 격변의 긴 과정을 통해 자기정체성을 확립한 공동체라면, 토론과 설득을 통한 이익의 절충만으로도 공동체의 자기재생산에 큰 문제가 없을 것이다. 이익이라는 말이 아무리 피상적이고, 인간의 존재가 결코 이익으로 다 환원될 수 없다고 해도 말이다. 하지만 공동체의 정체성 그 자체가 문제될 경우 이익의 정치는 할 말이 별로 없을 것이다. 우리나라에서 이익의 정치로서의 대의민주주의가 정착되지 못한 것은 여러 가지 역사적 이유로 대한민국의 정당성과 정체성 자체가 끊임없이 논쟁의 대상이 되었기 때문이다.

대의민주주의를 가장 근본적으로 비판한 정치철학자는 독일의 법철학자 카를 슈미트이다. 슈미트는 나치즘을 정치철학적으로 정당화한 법학자라는 오명을 가지고 있지만, 1910년대 후반에서 1920년대에 걸쳐 가장 혁신적이고 통찰력 있는 법철학자로 이름이 높았다. 그는 근대 민주주의 이론, 특히 대의민주주의를 가장 근본적으로 비판

185. Rousseau, *Considerations on the Government of Poland and on Its Projected Reformation*, pp. 177-260 in Victor Gourevitch (ed.), *The Social Contract and other later political writings*, p. 184

했으며, 슈미트의 비판에 대해서는 오늘날까지도 근대 민주주의 주창자들로부터 설득력 있는 답변이 나오고 있지 않다고 한다. 그에게 있어 정치는 인간의 정체성을 강력하게 규정하고 인간의 삶에 의미를 주는 것이며, 정치의 본질은 적과 동지의 구분에 있다. 대의민주주의는 궁극적으로 영원한 말장난에 불과하며, 어떤 것도 결정하지 않는다. 대의민주주의는 진정한 의미의 정치를 인간의 삶에서 쫓아낸다. 이와 관련하여 스트라우스가 슈미트의 생각을 예리하게 분석하고 있는데, 워낙 슈미트의 속마음까지 꿰뚫고 있는 나머지 슈미트는 스트라우스를 가리켜 자기 생각을 가장 잘 아는 사람이라고 평했다. 조금 길지만 인용해 보자.

> 왜 슈미트는 정치를 긍정하는가? 무엇보다 그는 정치를 단지 현실적인 것 혹은 필연적인 것으로 인정하는 데 그치지 않고 정치를 긍정한다. 이것은 정치성을 부정하는 (자유주의적) 이상에 맞선 그의 반론에서 가장 분명히 나타난다. 궁극적으로 슈미트는 이 이상을 유토피아적인 것이라고 거부하지 않는다. 사실 그는 이 이상을 혐오한다. 슈미트가 자신의 견해를 교화적인 방식으로 드러내지 않고 자신의 견해를 감추려고 노력하기에 그의 반론은 더욱 효과적이다. 슈미트 자신의 말을 들어보자. "만약 친구와 적의 구분이 단순한 가능성으로라도 존재하지 않는다면, 정치에서 자유로운 세계관, 문화, 문명, 경제, 도덕, 법, 예술, **연예** 등만 존재하지 정치도 국가도 존재하지 않을 것이다." 우리는 "연예"를 강조했다. 왜냐하면 슈미트가 모든 노력을 다해, 인간이 추구해야 할 일련의 목적들로부터 연예를 **거의** 쫓아내려하기 때문이다. 무엇보다, "연예" 바로 다음에 오는 "등"은 "연예"가 이 열거사항에서 사실상 최종항最終項이라는 사실을 슬쩍 감춰버린다. 슈미트가 분명히 하고

자 하는 것은 이런 것이다. 정치의 반대자들이 무엇을 말해도 좋다. 그들이 인간의 최고 관심사에 호소해도 좋다. 그들의 선의는 부정되지 않을 것이다. 세계관, 문화 등이 연예가 될 **필연성**이 없다는 것은 인정하지만, 이것들이 연예가 되는 것은 가능하다. 하지만 정치와 국가를 "연예"와 한 입으로 동시에 언급하는 것은 불가능하다. 정치와 국가는 세계가 연예의 세계로 되는 것을 막는 유일한 **담보**이다. 따라서 정치의 반대자들이 원하는 것은 궁극적으로 연예의 세계, 오락의 세계, **심각함**이 없는 세계를 수립하는 것과 동일하다. 슈미트는 앞에서 이렇게 말했다. "결정적으로 평화로워진 지구는 정치 없는 세계일 것이다. 이러한 세계에는 다양한, 그리고 아마 **아주 재미있는** 모든 종류의 대립, 대비, 경쟁, 음모가 있을 수 있겠지만, 인간들에게 목숨의 희생을 요구할 수 있는 대립은 있을 수 없을 것이다." 슈미트가 평화주의자들의 이상적 상태에 대해 인정하는 바, 그리고 그가 이에 대해 놀랍다고 생각하는 바는 이 이상적 상태가 재미있고 흥미로울 수 있는 능력이다. 여기에서도 역시, 그는 애써 비판을 숨기려하는데 이 비판은 "**아마** 아주 재미있는"이라는 관찰 속에 담겨 있다. 물론 그는 정치 없는 세계가 재미있는 것인지를 의문에 붙이고자 하지 않는다. 그가 무엇이든 확신하는 것이 있다면, 비정치적인 세계가 **아주** 재미있다는 것이다…. "아마"는 이 재미있을 수 있는 능력이 인간의 관심을 요구할 수 있는지를 의문시할 뿐이며, 또 분명히 이를 의문시한다. "아마"는 이 재미있을 수 있는 능력에 대한 슈미트의 **혐오**를 감추고 드러낸다. 이 재미있을 수 있는 능력은 인간이 진정 중요한 것을 잊었을 때만 가능하기 때문이다. 따라서 왜 슈미트가 평화주의라는(보다 근본적으로는 문명이라는) 이상을 거부하는지, 왜 슈미트가 정치를 긍정하는지 분명해진다. 그가 정치를 긍정하는 이유는, 그가 사라질 상황에 처한 정치 속에서 인간 삶의 심각함에 대한 위협을 목도하기 때문이다. 정치의 긍정은 궁극적으로 도덕

의 긍정 이외에 아무것도 아니다.[186]

슈미트는 대의민주주의 정치를 엔터테인먼트로 본다. 슈미트에게 있어 대의민주주의는 정치를 연예와 오락으로 만들고, 따라서 세계를 연예와 오락의 세계로 만드는 제도이다. 삶에서 심각함을 제거한다. 삶을 재미있는 것으로 만들기는 하지만, 인간이 재미로만 살 수는 없고 재미가 삶에 의미를 주지도 못한다. 대의민주주의에 대한 슈미트의 비판은 상당한 설득력이 있어서 좌우를 막론하고 본래적 의미에서의 정치를 회복하고 싶어 하는 사람들에게 새로운 영감의 원천이 되고 있다. 하지만 대의민주주의를 근본적으로 비판하며 강한 정체성의 정치를 주장하는 사람들은 종종 전체주의의 유혹에 빠지는 경향이 있다. 카를 슈미트 자신이 전체주의의 함정에 빠졌고, 루소의 민주주의 이론에서도 전체주의의 씨앗을 보는 학자들이 있다. 요컨대 희박한 정체성의 정치로서의 대의민주주의에 대한 대안으로서의 '강한 정체성의 정치'는 대가가 너무 크다.

우리나라의 '강한 정체성의 정치' 역시 고유의 대가를 치르고 있다. 대한민국의 정체성과 관련된 이슈가 제기될 때마다 좌우는 타협이 불가능한 대결에 이르며, 사실은 실용적으로 접근될 수 있는 이익의 문제까지 정체성의 문제로 화하기도 한다. 이는 이익이 원래 정체성과 완전히 무관할 수 없는 것인 데다, 적대세력 사이에서는 이익과 정체성이 거의 동의어가 되기 때문이다. 우리나라 국회가 종종 아무것도 결정하지 못하는 사태에 이르는 것은 다수결 기제를 약화시킨

186. Leo Strauss, "Notes on Carl Schmitt, The Concept of the Political," pp. 81-107 in Carl Schmitt, *The Concept of the Political* (Chicago and London : The University of Chicago Press, 1996), pp. 100-101.

제도적 장치의 문제에 더해 강한 이념적 편이를 지닌 적대세력의 동거 때문이다.

우리나라 정치가 탈근대적 문제군들을 효과적으로 해결하기 위해서는 가장 먼저 좌와 우가 상대방에 대해 가지는 적대의식을 버려야 한다. 하지만 이 적대의식이 쉽게 소멸될 수 있는 것이었으면 진작 소멸되었을 것이다. 좌우의 적대의식은 우리나라 현대사의 굴곡에 근거를 두고 있고, '좋은 대한민국'에 대한 서로 판연히 다른 그림에서 비롯된다. 반공세대와 386세대의 대결이라는 세대 대결 양상도 일부 존재한다. 그래서 이러한 적대의식이 해방 100주년이 되는 시기까지는 계속되지 않을까 하는 예측도 가능하다.

문제는 현 정치세력의 탈근대적 자기혁신의 전망이 높지 않은 상황에서도 탈근대적 문제군들은 강도를 나날이 강화해 간다는 것이다. 예컨대 다문화가정 자녀들 중 고등학교에도 진학하지 못하는 비율이 일반 한국가정 자녀들에 비해 훨씬 높다는 것은 우리 사회가 머지않아 미국, 영국, 프랑스, 독일과 같은 선진국처럼 빈곤문제와 인종문제가 중첩되는 시기가 도래할 것임을 짐작케 한다. 이 문제는 장기적으로 우리 사회에 큰 영향을 미칠 수 있지만 시급한 문제는 아닌 것 같아 보인다. 그러나 사드 배치와 관련된 중국의 움직임은 중국의 세계사적 부활로 인해 우리가 얼마나 치명적이고 즉각적인 선택을 강요받고 있는지를 보여주고 있다. 중국의 부상은 또한 우리의 '강한 정체성의 정치'에 대해 이 정치를 얼마나 계속 더 할 수 있는지를 묻고 있다. 사실 중국의 등장으로 인한 세계와 동아시아 질서의 재편은 국내의 모든 갈등을 무의미한 것으로 만들 가능성이 크다. 마치 중국에서 오는 미세먼지가 국내의 모든 환경 보호 노력을 무의미하게 만들듯이 말이다. 그러나 강한 정체성의 정치는 당분간 계속될 것이다.

그래도 가끔씩은 합리적 타협의 정치가 이루어지기를 바랄 뿐이다.

우리는 위에서 우리나라의 민주화 과정이 좌우 양 극단의 세력들을 배제하거나 순치시킴으로써 비교적 순조로운 이루어질 수 있었다는 것을 보았다. 이와 비슷한 것이 지금 우리 정치에 필요하다. 1980년대 말의 시점에서 거의 유일무이하게 산업화와 민주화를 이루어낸 우리나라가 탈근대적 문제군을 해결하고 더 좋은 사회로 가려면 약한 정체성의 정치로 이행해야 한다.

보론: 조선의 쇄국과 그 결과

비교사회적 관점에서 한국을 연구한다는 것은 한국 안에서 한국을 보는 것이 아니라 한국 밖에서 한국을 보는 것이다. 본서에서는 기회가 닿을 때마다 한국을 국제적 맥락 속에 넣고 외부의 시선으로 바라보고자 했다. 나는 우리나라의 역사도 국제적 맥락 속에 넣어 연구될 때 훨씬 더 풍부한 성과를 얻게 될 것이라 믿고 있으며, 우리나라 국사학자들이 비교역사에 훨씬 더 많은 연구 노력을 집중해주었으면 한다. 내가 대학교 때까지 알던 한국사(특히 개항기 전후의 역사)와 예컨대 『캠프리지 중국사』와 『캠브리지 일본사』를 통해 습득한 한국사 사이에는 적지 않은 간극이 있는데, 이 간극은 내부자의 관점 대 외부자의 관점 식으로 치부될 수 없을 만큼 크다. 나는 이 간극을 우리 국사학자들이 빨리 메워주기를 바라며(이미 상당히 메워져 있을지도 모르지만 전공자가 아니어서 그에 대한 정보가 없다), 비전문가의 입장에서 주로 외국의 역사서에서 얻은 지식으로 조선사와 개항기 시대를 나름대로 해석해 보고자 한다. 본문에 넣을 곳을 찾지 못해 보론으로 처리했다.

조선이 500년 이상 지속된 이유

조선은 1392년에 개국해 1910년 일본에 국권을 잃기까지 518년간 지속되었다. 고려시대도 918년에서 1392년까지 474년간 지속되었다. 하나의 왕조가 이렇게 오랫동안 지속된 경우는 세계사적으로 아주 드물다. 중국의 경우 한나라가 기원전 202년부터 220년까지 422년 간 중국사상 가장 오랫동안 지속되었지만, 실은 기원후 8년에 왕망에 의해 멸망을 당했다가 기원후 25년에 다시 세워진 것이어서 한국의 경우와 비교가 되지 않는다. 당시 세계에서 가장 찬란한 문명을 자랑했던 당나라조차 618년에서 907년까지 불과 289년간밖에 지속되지 않았고, 송나라가 950년에서 1279년까지 319년간, 명나라가 1368년부터 1644년까지 276년간, 청나라가 1616년부터 1912년까지 294년간 지속되었다. 수나라는 581년부터 618년까지 불과 37년 지속되었고, 강력한 세계제국의 일원이던 원나라 역시 1271년부터 1368년까지 89년밖에 지속되지 못했다. 유럽의 경우에도 로마의 몰락 이래 수많은 왕조들이 교체되었다.

조선은 어떻게 500년 이상 존속할 수 있었을까? 이에 대한 답은 한반도와 중국의 관계를 빼놓고는 생각할 수 없다. 재리드 다이아몬드의 『총, 균, 쇠』에서 이야기를 시작해 보자.[187] 이 책은 오늘날 세계 각 지역의 발전 정도의 차이를 인류가 나타나기 시작한 태고적까지 거슬러 올라가 설명하려는 초거대역사적 목표를 가지고 있다. 그가 특히 주목하는 것은 왜 북반구 국가들이 남반구 국가들에 비해 더

187. Jared Diamond, *Guns, Germs and Steel: The Fates of Human Societies* (New York and London: W. W. Norton & Company, 1997).

발전해 있는가 하는 것이다. 그는 특정 인종, 특정 민족의 우수성이 아니라 환경이 이러한 차이를 만들어낸 근본적 원인으로 본다. 이 차이는 두 가지 큰 원인에서 비롯되었다. 첫째, 야생식물과 야생동물의 길들이기는 식량의 안정적 생산을 가능하게 함으로써 문명의 발전을 가져온 가장 큰 요인이었는데, 오늘날 우리가 먹는 주요 곡물과 가축의 원시종은 대부분 북반구, 특히 메소포타미아지역에서 나왔다. 둘째, 식량 생산은 각 지역에서 독립적으로 이루어졌다기보다, 길들이기가 최초에 이루어진 지역에서 다른 지역으로 퍼져 나갔는데, 이 전파는 주로 남북축이 아니라 동서축으로 이루어졌다. 동일한 위도에 있는 지역들은 유사한 기후와 환경을 가지는 경향이 있기 때문이다.

다이아몬드의 설명을 염두에 두며 세계지도를 보자. 한반도는 유라시아대륙의 동쪽 끝에 있다. 더 동쪽에는 바다를 건너 일본이 있고 일본 동쪽에는 한동안 바다밖에 없다. 다이아몬드의 설명을 확장하면, 한반도의 발전은 메소포타미아에서 기원한 후 중국으로 동진한 문명, 그리고 또 다른 문명발상지로서 중국이 독자적으로 발생시킨 문명으로부터 결정적인 영향을 받았다고 할 수 있다. 선사문명의 전파경로 상 일본으로부터 한반도로 선진문명이 들어올 수는 없었다. 이러한 지리경제학적 위치로 인해 한반도는 중국의 압도적 영향력 아래 들어갔다. 문명의 한 발상지였던 중국은 고대부터 엄청난 군사력, 경제력, 문화력을 키워 주변 민족들의 운명을 결정했으며, 한반도 역시 예외가 아니었다. 중국은 거대한 블랙홀이었다.

중국은 전통적으로 주변 민족들에 대해 직접 복속시킬 수 있는 민족은 영구적으로 흡수하고, 직접 복속이 어려운 민족은 속국으로 삼는 외교정책을 구사했다. 한국과 베트남은 역사적으로 중국의 가장 중요한 속국이었다. 종주국과 속국은 마치 영주와 기사처럼 쌍방의

무를 가진 계약관계였다. 속국은 종주국에 대해 조공으로 충성을 맹세할 의무가 있고, 종주국은 속국이 안보위기에 처할 경우 도와줄 의무가 있다. 이러한 종주국-속국관계가 우리의 고조선부터 존재한 것은 물론 아니고, 명나라 이래 확고하게 수립되었다. 하지만 중국이 혼란기를 끝내고 강력한 제국이 성립할 때마다 중국은 한반도와 이러한 관계를 맺기 위해 노력했다. 한나라 때의 한사군 설치, 수나라와 당나라의 고구려 침략, 원나라의 고려 침략, 청나라의 조선 침략은 모두 이러한 맥락에서 설명할 수 있다. 물론 여진족이나 거란족의 한반도 침략에서 보듯이, 만주지역에 강한 세력이 들어설 때도 한반도는 새로운 국제외교정세 아래 들어갔다.

한반도에서 왕조의 안정과 교체는 중국 내의 정치질서와 떼려야 뗄 수 없는 관계였던 것으로 보인다. 한반도 내에 복수의 왕국이 존재하지 않고 통일왕조가 들어설 경우, 특정 왕조의 교체는 내부의 반란과 중국 혹은 만주로부터의 외압에 의해 결정될 것이다. 따라서 특정 왕조가 내부의 반란을 예방하고 중국과 선린외교만 구축하면 이 왕조는 오랜 기간에 걸쳐 존속할 가능성이 높아진다. 조금 단순화의 위험을 무릅쓴다면, 한반도에서의 왕조 변화는 중국에서의 통일제국의 형성과 해체의 사이클과 밀접한 관련을 가지고 있는 것 같다.

신라가 한반도를 통일한 것은 676년이었고, 이는 남북조시대의 혼란을 끝낸 수나라에 이어 당나라가 중원을 제패한 지 48년만의 일이었다. 말할 것도 없이, 한반도의 통일은 신라와 당나라의 동맹으로 성취되었다. 한반도에서 통일신라가 쇠퇴하고, 중국에서도 당나라가 쇠퇴하자 후삼국시대가 시작되었다. 고려가 한반도를 다시 통일한 936년은 중국에서 오대십국시대(907-960년)가 한창이던 때였다. 중국에 강력한 통일제국이 없는 가운데, 그러니까 동아시아 거대권력의 진공상태 속에서 한반도의 재통일이 이루어졌던 것이다. 고려는 960년에 오대십국시대를 종식시킨 송나라와 우방관계를 맺었고, 이를 통해 요나라와 금나라의 위협에도 불구하고 계속 왕조를 지속시킬 수 있었다. 고려의 안정은 몽골족이 세계를 제패하며 한반도를 위협할 때까지 계속되었다. 고려는 몽골족이 1231년에 처음으로 한반도를 침략한 이래 7차에 걸쳐 대몽항전을 펼쳤으나 결국 1270년에 항복을 하고 원나라의 지배를 받는다. 하지만 원나라의 지배를 받아들이는 한, 고려왕조는 계속갈 수 있었다.

1368년 원나라가 망하고 명나라가 건국되자 한반도의 정세는 다시 한 번 크게 바뀐다. 조선이 1392년에 고려를 멸망시키고 새 왕조를 개창할 수 있었던 것은 이 시점이 원명교체기로서 동아시아 국제질서에 큰 변화가 일어나고 있었기 때문일 것이다. 원나라가 계속 중국을 강력하게 지배하고 있었다면, 태조 이성계의 역성혁명은 일어나지 못했을 것이다. 조선은 명나라와 사대관계를 맺고 공식적으로 속국이 되었다. 명나라의 우산 아래 조선의 안보는 내부의 적이 없는 한 확고한 것이었다. 수천 년 동안 국가안보에 대한 심각한 위협이 항상 중국과 만주에서만 왔던 한반도에게, 임진왜란은 미증유의 사건이었다. 역사상 최초로 해양으로부터 안보 위기가 찾아온 것이다. 이 미증유의 안보 위협은 명나라가 종주국으로서의 약속을 지킴으로써 해소될 수 있었다. 이즈음에 만주에서 세력을 일으키던 여진족이 1616년 후금을 세우고 청나라로 개칭한 후 1644년 명나라를 멸망시켰다. 조선은 명청교체기에 명나라를 아버지의 나라로 섬기고 후금을 형님의 나라로 대하면서 현상을 유지하려 했으나, 이러한 외교전략은 결국 청나라의 침략을 초래해, 우리 역사에 씻을 수 없는 상처를 남기고 말았다. 하지만 청나라를 새로운 아버지로 섬기는 한, 그리고 내부에 실질적 위협을 가할 수 있는 반란세력이 없는 한, 조선의 유지에는 아무 문제가 없었다.

19세기 말, 서구 제국이 동아시아로 몰려들고 중국이 쇠퇴하며 일본이 부상하자, 한반도의 운명은 다시 한 번 크게 흔들렸다. 이는 임진왜란을 훨씬 능가하는, 완전히 새로운 사태였다. 한반도는 더 이상 극동이 아니었다. 한반도를 둘러싼 문명의 흐름은 동진인 동시에 서진이 되었다. 대륙세력과 해양세력이 한반도와 그 주변에서 각축을 벌이자, 한반도에서 왕조의 교체와 안정을 지배하던 역학은 완전히 바뀌었다. 중국 내부의 역학에 큰 영향을 받던 한반도가 이러한 지정학적 역학의 변동에 무사할 수가 없었다. 중국의 속국이던 조선은 일본의 식민지가 되고 말았다.

국사 교과서와 사극을 통해 한국사를 배운 우리 일반인들은 대개 조선이 중국의 속국이기는 했지만 상대적으로 자주적인 국가였다고 생각하고 있다. 조선이 명나라로부터 조선이라는 국호를 받았고 조선의 국왕들이 명나라의 추인으로 왕위에 오른 정도였다는 것이다. 하지만 위에서 시사했듯이 이것은 사실이 아니다. 조선의 속국됨은 이보다 훨씬 더 심했다. 박물관에 가면 조선시대의 관직 임명장에 중국 황제의 직인이 찍혀 있는 것을 볼 수 있다. 국왕에 대한 추인 정도가 아니었던 것이다. 사실 외국의 역사서가 전하는 한국사의 그림은 우리 국사 교과서와 사극이 주는 그림과 너무나 다르다.

예컨대 임진왜란 때 명나라에서 온 원군은 예컨대 우리 영화나 사극에서는 주로 이순신 장군을 괴롭히는 존재로 나온다. 하지만 이여송이 이끈 명나라군의 역할은 이순신 장군의 활약과 더불어 임진왜란의 전세를 역전시키는 결정적 요인이었다. 케네스 스워프라는 미국 역사학자는 『난중일기』를 비롯해 한국, 중국, 일본의 광범위한 사료를 바탕으로 임진왜란을 분석한 글에서 1593년 2월의 평양성 전투가 전쟁의 향방을 결정지은 결정적 전투였다고 주장한다.[188] 당시 명나라군이 동원한 대포는 사정거리가 5-6리, 즉 2km 이상인 최첨단무기였고, 이에 비해 일본의 화승총은 사정거리가 약 600보 정도였다. 이 전투에서 결정적 패배를 당한 일본군은 다시는 정규전을 펼칠 수 없었고, 전쟁의 장기적 향방은 여기에서 결정된 것이나 다름없었다는 것이다.

이러한 대규모 원정으로 명나라는 이미 기울고 있던 국력이 더욱 기울었다. 여진족이 만주에서 세력을 일으켜 나라를 세우려는 움직임을 보이는 위험한 상황에서 명나라는 왜 대규모 원정을 조직했을까? 이는 물론 조선이 무너지면 일본이 해상과 육지로 중국대륙을 침략할 가능성이 현실화되기 때문이었다. 그러나 또한 이는 조선에 대한 종주국으로서의 의무를 다하기 위한 것이기도 했다. 적어도 이것이 『캠브리지 중국사』가 중국과 한국의 외교관계를 보는 방식이다. 이러한 관점은 1895년의 청일전쟁에 대해서도 적용된다. 이는 청나라가 조선에 대한 일본의 배타적 패권을 저지하고 조선에 대한 청나라의 제국주의적 이해관계를 유지하는 것이 목적이었지만, 종주국으로서의 의무를 이행하기 위한 것이기도 했다. 1883년에서 1885년까지 일어난 청불전쟁 역시 청나라가 속국 베트남에 대해 종주국으로서의 의무를 이행한다는 것이 부분적 이유였다.[189]

188. Kenneth Swope, "Crouching Tigers, Secret Weapons: Military Technology Employed During the Sino-Japanese-Korean War, 1592-1598." *Journal of Military History* 69(1) (2005): 11-41.

189. Immanuel C.Y. Hsu, "Late Ch'ing Foreign Relations, 1866-1905," *The Cambridge History of China Vol. 11: Late Ch'ing, 1800-1911 Part 2*, Chapter 2.

지정학적, 지경학적 관점에서 볼 때, 조선은 자신의 운명을 스스로 결정할 수 있는 자주적인 나라가 아니었다. 중국의 속국으로서 중국의 운명에 나라의 운명이 좌우되는 중국의 종속변수에 가까웠다. 더욱이 소중화를 자처하며 중국만을 바라보던 조선은 중국 이외의 문명을 배울 의사도 능력도 없었다. 조선 중기 이래 사림의 정치적 부상은 이데올로기적 경직화로 이어져 정통 유교 이외에는 모두 사문난적으로 규정되었다. 조선 후기에 기독교의 유입과 실학의 등장으로 이념적 문화적 다양성이 형성될 계기가 있었으나, 정통 유교의 장악력을 극복할 수 없었다. 정약용의 기독교 포기는 조선 몰락의 먼 문화적 전조였을지도 모른다. 조선은 지리적 쇄국을 택하면서 문화적 쇄국도 동시에 선택했고, 세계사의 격변에 대처할 정신적 자세를 잃고 말았다. 그리하여 전혀 새로운 세력이 동아시아 역사에 개입했을 때에도 쇄국정책으로 일관했고, 중국이 쇠퇴하자 곧 몰락하고 말았다. 문화적 탁월함을 성취하기도 했던 조선 500년은 이처럼 국제정치적 우둔함을 키우던 500년이기도 했다.

쇄국의 결과 : 조선의 몰락

헌팅턴은 『문명의 충돌』에서 19세기 후반 이후 제국주의 시대에 비유럽국가 가운데 독립과 영토적 주권을 유지한 나라는 전 세계에서 두 나라밖에 없었다고 말한 바 있다.[190] 일본과 에티오피아가 그

190. Samuel Huntington, Samuel. 1996. *The Clash of Civilizations and the Remaking of World Order* (New York : Simon &Schuster, 1996).

들이다. 어떤 사람들은 영화 "왕과 나"의 무대인 사이암, 곧 태국도 이 범주에 속하지 않느냐고 하지만 사실이 아니다. 태국 역시 식민지가 되는 것은 피할 수 있었지만, 메콩강 동쪽의 큰 지역을 프랑스에 할양해야 했고, 말레이반도가 조금씩 영국에 흡수되는 것을 지켜보아야 했다. 요컨대 이 시기에 우리나라를 포함한 세계 대부분의 나라들이 식민지 혹은 반식민지로 전락하는 운명을 겪었다.

1980년대 대학생들은 한국을 세계사적 모순들이 모두 중첩되어 있는 곳으로 생각하곤 했다. 계급모순, 민족모순, 분단모순, 지역모순 등등 온갖 모순이 다 망라된 곳이라는 것이었고, 그러다 보니 한국의 해방은 세계의 해방을 의미한다는 아주 과장된 인식을 가지기도 했다. 전형적인 '우물 안 개구리' 의식이었다고 하지 않을 수 없다. 아프리카의 여러 나라들은 지금도 심각한 종족 분쟁으로 고통을 겪고 있으며, 근대국가의 형성이나 민주화를 연구하는 학자들은 대개 이 종족 분쟁이야말로 가장 극복하기 어려운 모순으로 본다. 한국이 고유의 특수성을 가지고 있는 것은 틀림없는 사실이지만, 식민지 경험이라는 측면에서 보면 비서구국가들이 겪은 세계사의 흐름에서 크게 벗어나지 않는다.

19세기 말 조선이 일본과 서구 열강에 문호를 개방하고 1910년에 국권을 잃기까지의 과정을 반추해보면, 독립과 영토적 주권을 유지할 가능성이 문호 개방 초기에 잠시 존재했고 그 이후에는 이러한 가능성이 사실상 사라졌었다고 생각하지 않을 수 없다.

일본의 막부는 1853년 미국 페리 제독이 이끄는 함포외교에 굴복한 후 개혁작업에 착수했다. 이에 대해 일본 남부지방의 사무라이들이 '존왕양이'尊王洋夷의 깃발을 올리며 막부를 타도하고 천황의 통치를 부활시키는 메이지유신을 일으키지만, 이내 자신들이 얼마나 반동적이었던가를 깨닫는다. 일본 정부는 역사를 돌이키려는 대신, 1871년 이와쿠라 도모미岩倉具視가 이끄는 100명의 대규모 정부사절단을 구미 12개국에 보내 1년 10개월 동안 선진 문물을 시찰하게 했다. 그 중 49명이 정부의 고위관료였고, 국가 예산의 2%가 소요되었으며, 100권의 시찰기록을 남겼다고 한다. 사절단이 활약하고 있을 당시 일본 정계에서는 조선을 다시 쳐야 한다는 '정한론'이 대두되고 있었는데, 귀국 후 이와쿠라는 지금 정한론을 운위할 때가 아니라며 내치에 힘을 써 국력을 키우는 쪽으로 국론을 정리했다. 이후 일본은 서구 제국과 맺은 불평등조약을 모두 수정하고 청일전쟁과 러일전쟁을 거치며 명실상부한 주권독립국이 되었고, 이를 넘어 제국주의의 일원이 되었다. 물론 일본은 서구 열강의 관심이 주로 중국에 집중되어 있었다는 이점을 누렸지만, 가장 결정적인 역사적 시점에 국론을 통일하고 국력의 급속한 신장에 온 힘을 기울이지 않았으면, 일본 역시 식민지 혹은 반식민지의 나락으로 떨어졌을 것이다.

중국은 두 차례의 아편전쟁에서 영국에 패하고 기타 유럽 국가들의 함포외교에 굴복하면서 중국의 쇄신을 도모했지만, 조정의 분열과 무능으로 리훙장이 이끈 양무운동과 캉유웨이가 이끈 변법자강운동 등 모든 개혁 작업이 겉발림으로 끝나거나 좌절되었다. 조선의 조정도 대동소이했다. 흥선 대원군은 중국이 몰락하는 것을 보면서 조선의 문을 더 걸어 잠궜다. 1876년 일본과의 강화도조약 체결을 필두로 조선의 문호가 열린 후, 조선 조정은 결국 열강의 각축 속에서 러시아파와 일본파로 분열되어, 국력 신장의 가장 결정적인 순간, 곧 골든타임을 놓치고 말았다. 1890년대에 들어서며 조선이 명실상부한 독립국으로 가는 길은 이미 닫힌 것으로 보인다.

조지 커존George Curzon이라는 사람은 1919년에서 1924년까지 영국

외무성 장관을 지낸 사람으로, 젊은 시절부터 국제외교 방면의 일을 하면서 1892년에 조선을 포함해 아시아의 여러 국가들을 방문했다. 그는 이 방문에 기초해 1894년에 『극동의 문제들Problems of the Far East』이라는 책을 펴냈다. 그는 이 책에서 조선을 "여러 국가들 사이의 셔틀콕… 중국, 러시아, 일본 사이에 있는 일종의 톰티들러의 땅"이라 불렀다.[191] '톰티들러의 땅'Tom Tiddler's ground이란 어떤 사람이 불안정한 지위, 이용당하기 좋은 입장에 서 있는 상태를 뜻한다고 한다. 셔틀콕이란 표현은 아주 충격적이다. 이미 이때에 이르러 조선은 주변 강대국들이 치는 대로 이리 갔다가 저리 갔다가 하는 공에 불과했던 것이다.

1894년의 청일전쟁과 1905년의 러일전쟁은 일본이 청나라와 러시아를 물리치고 조선에 대한 일본의 배타적 권리를 국제적으로 확보하는 결정적인 전쟁이었다. 1876년의 강화도조약은 일본이 신흥 강국으로 도약하려는 동아시아전략의 첫걸음이었다. 당시 일본에 자문관으로 온 프러시아의 군인 클레멘스 메켈Klemens Meckel은 조선을 '일본의 심장에 겨누어진 단검'으로 표현하며, 일본 정부로 하여금 조선책략을 세우도록 자문했다. 서구의 등장과 일본의 부상으로 동아시아가 동서남북으로 대륙과 해양이 열리면서, 한반도는 대륙세력과 해양세력 모두에게 지정학적 요충지가 되었다. 조선의 운명은 당시 최강대국이던 영국, 프랑스, 미국, 독일, 러시아, 그리고 동아시아의 전통적 패자였던 중국과 새로운 강자 일본 등이 펼치는 세계전략과 그들의 합종연횡에 의해 규정되었다. 일본의 입장에서는 중국이

191. Edmund Zvetina, "Imperial Russian Interest and Intervention in Korea, 1860-1903" (Masters Thesis : Loyola University Chicago, 1952), p. 1에서 재인용

나 러시아가 조선에 대해 배타적 지배권을 확립하는 상황을 허용할 수 없었으며, 중국이나 러시아의 입장에서는 일본이 조선과 만주에 거점을 확보하는 상황을 허용할 수 없었다.

일본이 조선에 대해 지배권을 확립하는 과정은 오늘날의 관점에서 보아도 대단히 정교하고 용의주도한 것이었다.[192] 메이지유신 직후 정한론이 이슈가 되었던 것은, 조선 정부에 유신이라는 정치적 변화를 알리고 기존의 양국관계를 수정하려던 일본 정부의 요구를 대원군이 거부했기 때문이었다. 대원군은 일본 천황이 황제 칭호를 쓰는 것을 못마땅하게 여겼다. 이에 따라 일본 정계에서는 조선을 징벌해야 한다는 여론이 일었으나, 위에서 말했듯이 이 여론은 이와쿠라에 의해 저지되었다. 하지만 일본 정부는 얼마 있지 않아 1875년에 강화도에 운요호와 함께 조사단을 파견했고, 곧 전투가 벌어졌다. 승리한 일본은 조선에 군함을 더 보내는 한편, 중국 정부에게 이 문제에 대한 입장을 밝힐 것을 요구했다. 당시 중국의 총리아문은 조선이 중국의 속국이지만 내치와 외교문제에 관한 한 항상 완전한 자유를 가지고 있었다는 답을 내놓았다. 이는 1873년에 유구 열도에 대해 일본이 지배권을 확립할 때 중국 정부가 제시했던 입장과 유사한 것이었다. 중국이 이처럼 종주국 지위를 포기하는 입장을 제시하자, 일본은 조선과 본격적으로 국교를 여는 조약에 들어갔고, 중국 역시 일본 정부의 압력을 받고 조선 정부에게 일본과 조약을 맺도록 권했다. 여전히 사태를 제대로 파악하지 못하고 사대의 예를 외치던 조선 정부는 중국의 강권에 못 이겨 강화도조약을 체결하면서도, 중국 정부에는 따로 서한을 보내 여전히 조선은 중국의 아들이라며 통곡의 눈물을 흘

192. 이하의 논의는 Hsu, 앞의 논문, pp. 101-103 참조.

렸다.

강화도조약의 제1조는 조선국은 자주의 나라이며 일본과 평등한 권리를 지닌다는 내용이다. 이는 결코 외교적 미사여구가 아니라, 조선에 대한 중국의 종주권을 공식적으로 종식시키는 중요한 규정이다. 이것으로 조선은 적어도 법률적으로 중국의 지배에서 벗어난 완전한 독립국이 되었다. 이 조약 이후, 중국 정부 안에서 조선의 외교를 관장하던 리홍장은 총리아문이 중대한 실책을 범했음을 깨닫고, 조선 정부로 하여금 미국, 영국, 프랑스, 독일 등과 외교관계를 수립하도록 조언하면서 국교를 맺을 때마다 별도의 문서로 조선이 중국에 종속되어 있음을 선언하게 했다.

강화도조약 이래 조선 정부는 다른 주요 강국들과 국교를 열어 나갔지만, 핵심 선수들은 지리적으로 근접한 중국, 일본, 러시아였다. 1894년 중국은 청일전쟁에서 패하면서 조선에 대한 권리를 결정적으로 상실했다. 이제 일본과 러시아의 각축이 일어났고, 조선 조정은 대원군과 개화파가 대표하는 일본당과 명성황후가 대표하는 러시아당으로 분열되었다. 러시아는 유럽에서의 외교상황이 일정한 균형에 이르면서 본격적으로 만주와 한반도로 진출하고 있었다. 러시아와 일본의 대결은 피할 수 없게 되었다. 러시아는 프랑스와 동맹을 맺었고, 일본은 영국과 동맹을 맺는 한편 미국 시어도어 루스벨트 대통령의 암묵적 지지도 얻었다.

만주와 조선에 대한 이해관계를 놓고 일본과 러시아는 1903년에 협상에 들어갔다. 일본의 요구는 다음과 같았다. (1) 중국과 조선의 독립과 영토적 주권을 보호할 것. (2) 양국이 중국과 조선에서 동등한 상업적 기회를 유지할 것. (3) 만주와 조선에 대한 양국의 현 법률적 권리를 상호 인정할 것. (4) 일본이 조선의 내정 개혁에 대해 자문하고 조언할 수 있는 배타적 권리를 가짐을 인정할 것. 이에 대해 러시아는 만주는 논의의 대상이 아니고, 한국에 대해서는 일본이 일차적 이해관계를 가진 것을 인정하지만, 한국의 독립과 영토적 주권에 대해서는 상호 존중해야 한다고 주장하면서, 북위 39도선 북쪽에 중립지대를 설정하자고 제안했다. 이 요구들은 화해될 수 없는 것이었고, 전쟁은 불가피했다.

39도선 북쪽에 중립지대를 설정하자는 러시아의 제안은 대단히 놀랍다. 한반도의 분할점령에 관한 발상이 제2차 세계대전 때 처음 나온 것이 아님을 알 수 있기 때문이다. 사실 임진왜란 때 명나라와 일본이 휴전교섭을 할 때도 일본은 조선의 남부지방에 대한 통제권을 얻기 위해 노력한 바 있다. 한반도의 지정학적 특성상 대륙세력과 해양세력이 부딪칠 때마다 한반도의 분할에 관한 발상이 등장하는 것으로 보인다. 우리가 어떤 지정학적 운명을 가지고 있고, 우리 앞에 어떤 과제가 놓여 있는지를 잘 알 수 있다.

아무튼 일본은 1905년 대단히 치밀한 외교군사전략 아래 러시아를 꺾고 동아시아의 패자로 부상했다. 싱가포르의 총리 리콴유는 러일전쟁에서의 일본의 승리를 동양인이 서양인을 꺾은 최초의 쾌거로 아주 높이 평가한 적이 있다. 이 쾌거는 그러나 조선에게는 사실상 조종이 되었으며, 치욕스러운 식민지의 역사로 들어가는 초입이었다.

이상에서 서술에서, 서세동점이 본격적으로 진행되던 19세기 후반, 특히 고종이 재위에 오를 무렵부터 우리나라가 완전한 자주적 근대국가로 발전할 수 있는 길이 급속도로 좁아지기 시작했음을 알 수 있다. 중국이라는 블랙홀에 빠진 조선은 세계사의 격변의 징후들을 전혀 포착할 수 없었고, 격변의 징후들이 너무나 뚜렷해졌을 때도 중화사상의 패러다임에 빠져 우물 안 개구리의 행동을 거듭했다. 1870년 언저리에서 1890년 언저리가 독립적 근대국가로 갈 수 있는 치명적 골든타임이었다는 생각을 지울 수 없다. 조선 조정이 분열로 이 골든타임을 놓치자 독립국가의 길이 닫히고 식민지의 길이 활짝 열리고 말았다.

조지 프리드먼George Friedman의 『다음 100년The Next 100 Years』이나 즈비그뉴 브레진스키Zbigniew Brzezinski의 『거대한 체스판The Grand Chessboard』 같은 책을 읽다 보면, 지리경제학과 지리정치학이 세계사의 전개에서 얼마나 중요한지를 알 수 있다. 한 나라의 특정한 지리적 위치는 그 나라의 운명을 규정하는 중요한 요인이며, 그 나라의 외교적 선택지에 큰 제약을 가한다. 여기에서 제약이란 가능성의 범위를 뜻한다. 모든 나라는 이 가능성의 범위를 확대하기 위해 노력하며, 이 과정에서 인접한 나라들이 협력 혹은 갈등의 관계에 들어가게 된다. 종종 역사가 반복되는 것은 지리적 조건이라는 불변항의 규정력 때문이다. 세계사에서 동일한 국가 간 갈등이 반복되는 예는 아주 많다.

한국전쟁에서 우리나라를 도와주기 위해 달려온 나라들 중에는 도대체 이 나라는 왜 오게 되었을까 하는 궁금증을 주는 나라들이 있다. 에티오피아와 터키가 대표적인 예이다. 특히 터키는 왜 멀고 먼 한국에 오게 되었을까? 이 의문은 프리드먼의 『다음 100년』을 읽으면 조금 풀린다. 터키는 해양으로는 흑해, 육지로는 그루지야, 아제르바이잔, 아르메니아를 사이에 러시아와 접경해 있으며, 두 강대국은 역사적으로 항상 대립적인 이해관계를 가지고 있었다. 두 강대국은 각각 전략적 우위를 점하기 위해 완충지대에 있는 민족들에 대해 지배력을 확보하고자 노력했으며, 오늘날 쿠르드민족의 불행도 이러한 관점에서 설명할 수 있다. 터키는 이미 20세기 전반기부터 로마자의 차용을 비롯해 서구화의 길을 걷기 시작했는데, 이는 러시아가 터키의 역사적 숙적이었음을 고려한다면 당연한 선택이었을 것이다. 한국전쟁의 발발은 러시아의 남하를 의미했으며, 터키는 러시아가 세력을 확장하려는 곳이면 어디든지 달려갈 외교적 이해를 가지고 있었던 것이다.

한반도의 운명은 19세기 전반기까지 임진왜란이라는 막간기를 빼면 중국에 의해 일방적으로 규정되었고, 그 이후 대륙세력과 해양세력 사이에 있는 전략적 요충지로서 세계에서 가장 국력이 강한 나라들의 영향을 받아 왔다. 역사는 반복될 것이다. 이 역사의 거대한 저거노트에 대해 우리는 준비되어 있는가?

찾아보기

ㅂ

ㅅ

ㅇ

ㅈ